한국수화 회화 첫걸음

KB070254

나남
nanam

사회복지학 총서 · 91

한국수화 회화 첫걸음

2010년 3월 5일 발행
2024년 8월 10일 14쇄

저자	이준우·김연신·송재순·한기열·홍유미
감수	김칠관·손천식·김용익·김병찬
발행자	趙相浩
발행처	(주)나남
주소	10881 경기도 파주시 회동길 193
전화	031) 955 - 4601 (代)
FAX	031) 955 - 4555
등록	제1 - 71호(1979. 5. 12)
홈페이지	www.nanam.net
전자우편	post@nanam.net

ISBN 978 - 89 - 300 - 8463 - 5
ISBN 978 - 89 - 300 - 8001 - 9 (세트)

책값은 뒤표지에 있습니다.

사회복지학 총서 • 91

한국수화 회화 첫걸음

이준우 · 김연신 · 송재순 · 한기열 · 홍유미 지음

감수 | 김칠관 · 손천식 · 김용익 · 김병찬

나남
nanam

1988년에 수화를 처음 접하게 되면서부터 수화가 너무 좋아서 지금까지 수화에 푹 빠져 살고 있다. 처음 수화를 접했을 때부터 수화가 모국어처럼 자연스럽고 매우 친근하게 다가왔다. 수화를 통해 농인들을 만나고 사귀어 지금까지 정을 나누며 살고 있다.

많은 농인들은 청각장애로 인해 발생하는 크고 작은 어려움을 슬기롭게 잘 극복해 나가고 있다. 경우에 따라서는 듣지 못하는 것이 오히려 축복으로 느껴질 정도로 행복하게 생활하는 농인들도 자주 접한다. 성공과 번영, 부와 명예 등을 추구하느라 너무 복잡한 의사소통으로 지쳐가는 청인으로서 소박한 삶을 즐기고 만족으로 충만한 삶을 수화로 이야기하며 사는 농인들이 부러웠다. 그래서 청인과 농인이 서로 자주 만나서 접하다보면 상호 간에 긍정적인 영향을 미칠 수 있지 않을까 싶었다.

바로 여기에서 어떻게 하면 보다 효과적으로 청인과 농인이 교류할 수 있을까를 고민하면서 했던 작업이 수화 학습서를 책으로 출판하는 일이었다.

2001년 2월에《수화의 이해와 실제》는 그렇게 해서 세상에 나오게 되었다. 의욕이 넘쳤었다. 한 권의 책에 초급과정, 중급과정, 고급과정을 모두 담았다. 수화는 그림으로 표현하였다. 2000년대 초반까지만 해도 수화 학습서는 고사하고, 수화나 농인(청각장애인) 관련 책들도 거의 없었던 때, 이 책이 '나남출판' 이라는 유명 출판사를 통해서 출간될 수 있었던 것은 사실상 기적이었다. 반향은 매우 컸다. 많은 사람들이 수화에 관심을 갖기 시작하는 데 큰 기여를 하였다. 특히 대학에서 학부 교양과목이나 인성함양 관련과목으로 '수화' 를 채택하면서 교재로 사용할 만한 수화 학습서로 주목을 받기 시작하였다. 그러면서 책에 대한 다양한 반응이 나왔다. 독자의 욕구에 부응하여 2002년 5월에 《수화의 이해와 실제: 초급과정》, 2003년 3월에 《수화의 이해와 실제: 중급과정》, 2004년 4월에 《수화의 이해와 실제: 고급과정》이 출간되었다. 이 책들을 많은 분들이 사랑해 주셨고, 성원해 주셨다. 그리고 여기저기서 여러 저자들과 다양한 출판사들을 통해 수많은 수화 학습서들이 뒤이어 계속해서 쏟아져 나왔다. 대략 30여 권의 책들이 나온 것으로 보인다. 기쁘다.

하지만 저자의 책을 포함하여 이들 수화 학습서들에게는 치명적인 약점이 있다. 아마도 그것은 저자의 책임이 클 것이다. 이후에 나온 대부분의 책들이 저자의 기존 책들을 상당히 벤치마킹한 것으로 보이기 때문이다. 그 약점이란 수화 어휘들을 기계적으로 나열하고, 청인들이 사용하는 국어 어순을 그대로 따르는 방식으로 내용을 구성하여 실제 농인들이 사용하고 있는 관용적인 수화나 농인 특유의 독특한 표현방식을 설명하지 못했다는 점이다. 물론 이러한 약점들은 그 책들이 나올 당시에는 꿈에도 생각하지 못했던 요인이기도 하다. 최근 2~3년 사이 수화를 하나의 완전한 언어로 보는 시각이 일반화하면서 수화를 학습하는 데에도 언어학적 접근에 기초하여야 한다는 인식이 보편화되었기에 발견할 수 있었던 문제점이다.

어쨌든 몰랐으면 몰라도 기존 수화 학습서의 부족한 점을 알고 있는 이상 마음이 편하지 않았다. 그렇다고 저자가 쓴 기존 세 권의 수화 학습서와 현재 시중에 나와 있는 여러 수화 학습서들이 아주 필요 없다는 말은 아니다. 사실 어휘 중심의 수화 학습서가 여전히 필요하다. 다만 독자들이 수화를 처음 배울 때부터 농인들이 실제 많이 사용하고 있는 어휘들과 관용적인 표현을 학습할 수 있도록 하지 못했다는 송구함과 자책감을 지울 수 없었다는 것이다.

그래서 기존 세 권의 수화 학습서는 우선은 그대로 놔두고, 새로운 형태의 수화 학습서를 빨리 집필해야겠다고 재작년부터 마음을 먹었는데 얼마나 분주한지 벌써 시간이 꽤 흐르고 말았다. 자꾸 부담이 가중되고, 여건은 안 되어서 속이 상했는데, 수화통역사로 활동하는 유능하고 탁월한 제자들이 작년 6월에 바람(?)을 잡았다. 나도 모르게 제자들과 한 번 해보자고 의기투합하였다. 그리고 내 제자들은 책의 기획에서부터 내용 구성에 이르기까지 정말 최선을 다해 애쓰고 노력하였다. 제자들의 열심에 따라가다 보니 책의 내용들이 하나둘씩 갖추어질 수 있었고, 그 결과로 오랜 숙원 사업이었던 이 책이 마침내 그 모습을 드러낼 수 있었다.

그 제자들은 바로 김연신, 송재순, 한기열, 홍유미(가나다순)이다. 농인사회에서 수화통역으로, 사회복지실천으로, 대학 강단에서의 수화교육 등으로 열정적인 활동을 하고 있는 촉망받는 전문가들이다. 아끼고 사랑하는 이들 제자와의 작업은 너무도 행복하고 즐거웠다. 스승을 뛰어넘을 수 있는 제자들이 있다는 것이 가슴 벅차도록 감격스럽다. 이제는 가르치고 배우는 관계에서 함께 농인들을 향해 동역(同役)해야 할 학문적 동반자라는 생각이 든다. 훌륭하게 성장해서 뛰어난 전문가로, 학자로 자리매김해 가는 모습이 든든하고 자랑스럽다.

더욱이 이 책의 초안을 정성껏 감수해 주신 김칠관 교수님, 손천식 목사님, 김용익 목사님, 김병찬 선생님의 노고는 이루 말할 수 없다. 꼼꼼하면서도 애정 어린 그들의 감수는 이 책의 내용을 정확하고도 풍성하게 하는 데 큰 힘이 되었다. 특히 김칠관 교수님은 저자들이 수화를 학문으로 접근할 수 있도록 하는 데 훌륭한 스승으로서 결정적인 역할을 해주셨음을 밝힌다. 또한 수화 사진의 모델로 수고해 주신 강승욱 선생님과 이 책의 공동 저자이기도 한 송재순 교수의 수화, 그리고 Spoon pen의 성주삼 작가의 삽화와, 수화를 촬영해 주신 HMBC 조직환 대표님과 박세준 선생님의 수고는 이 책이 탄생하는 데 결정적인 뒷받침이었다. 이들 모두의 수고로 이 책은 수화를 처음 배우고 접하는 독자들과 학생들에게 크게 도움이 될 것이다. 다음으로는 공인 수화통역사로 활동하고 있는 많은 전문가들과 수화통역사 자격시험을 준비하는 수험생들에게도 큰 유익을 줄 것으로 기대한다.

끝으로 고마운 분들에게 인사를 드리고 싶다. 먼저 저자들을 사랑으로 받아준 많은 농인 여러분들에게 감사드린다. 그들이 있었기에 오늘의 저자들이 있다고 생각한다. 다음으로 한결같이 수화 학습서를 의욕적으로 출판해 주시는 나남출판 조상호 사장님과 임직원 여러분께 감사의 말씀을 전하고 싶다. 특히 방순영 부장님과 이필숙 실장님의 노고가 컸다. 또한 소중한 추천서를 써주신 한국농아인협회 변승일 회장님과 네 분의 감수자들, 교정작업을 도와준 강남대학교 사회복지전문 대학원 석사 조미애 양, 그리고 수화 모델들을 위해 메이크업을 정성껏 해주신 이서현 원장님께도 고맙다고 말씀드리고자 한다.

2010년 1월
하얀 눈으로 가득한 강남대 연구실에서

저자 대표 이준우

변승일 | 한국농아인협회장

수화는 농인 간에는 물론 농인과 청인 간의 의사소통 수단으로 매우 중요한 언어입니다. 또한 수화는 하나의 언어체계를 갖추고 있고 농인들의 문화와 생활방식, 사고체계 등을 고스란히 담고 있는 언어이며, 시대와 세월의 흐름에 따라 조금씩 생성, 변화, 발달하여 현재에 이르렀습니다. 외국에서는 이미 오래전부터 수화를 언어로서 체계화하고 연구하는 작업이 매우 활발하게 이루어졌습니다.

우리나라의 수화 역시 세월이 흐르면서 그 세대의 문화와 생활양식을 반영하여 조금씩 변화해 오고 있습니다. 또한 언어로서의 수화에 대한 연구도 조금씩 이루어지고 있으며, 수화를 농인들의 문화를 이해하기 위한 체계로 바라보는 시각들이 점점 더 늘어가고 있습니다.

또한 각 대학에 농인들의 입학이 늘어나면서 대학에서도 수화를 교과과정에 편성하여 수업을 진행하는 경우가 늘어나고 있습니다. 따라서 우리나라도 수화를 배우는 인구가 매우 늘어나고 있으며, 이러한 노력을 통해 농인과 청인 간의 거리를 좁힐 수 있을 것입니다.

현재 우리나라에는 수화 기초과정에 관련된 책들이 많이 출판되었습니다. 그러나 대부분 단어 위주로 이루어져 있어 실제 상황에 적용하는 데 어려움이 있습니다. 더구나 대학에서 교재로 사용하기에 적합하게 출판된 책은 많지 않습니다.

이번에 이준우 교수님을 비롯하여 4명의 저자들이 공동으로 연구한 이 책은 그러한 문제점들을 보완한 책이라고 생각합니다. 이준우 교수님을 비롯한 공동저자들은 대학 및 여러 단체에서 수화를 오랫동안 가르쳐온 현장경험을 바탕으로 농인들의 언어습관과 생활습관 등을 농인의 입장에서 이해하려고 노력하신 것으로 알고 있습니다.

　대학이나 각 단체에서 수화를 처음 접하거나 배우는 사람들이 이 책을 통해 농인들이 실제로 사용하는 수화형태를 습득하여 기초과정부터 농인과 함께하고 중급·고급 과정을 좀더 쉽게 지속적으로 이어나갈 수 있기를 기대합니다.

■ 구성과
■■ 특징

이 과정은 입문기(초급 과정) 학습자를 대상으로 한 것으로, 15주 내지 16주(주당 2시간)를 단위기간으로 하여 운영할 수 있도록 구성하였다.

1부 한국수화의 이해는 수화의 언어적 제반지식을 알 수 있도록 구성하엿다.

2부 한국수화 회화에서는 기초과정을 쉽게 학습할 수 있도록 아래와 같이 구성하였다.

1. 기본문장

수화문장과 한국어 문법의 다른 점을 비교ㆍ제시함으로써 수화문장의 이해를 도왔고, 수화문장을 바르게 익힐 수 있도록 규칙과 유의점을 함께 제시하였다.

꽃 – 피다＋예쁘다 ➡ 예쁜 꽃이 피다.

| 규 칙 |

한국수화에서 형용사는 (꾸미고자 하는) 명사 앞에 올 수도 있으나, 명사 뒤에 오는 것이 자연스럽다.

| 유의점 |

명사와 그것을 꾸미고자 하는 형용사 사이의 관계와 형용사로 마무리되는 문장 종결 형식에 유의한다.

예: 맛있는 사과 → 사과＋맛있다, 아름다운 산 → 산＋아름답다, 새 옷 → 옷＋새롭다

2. 수화문

기존 방식에서 탈피하여, 수화를 제1언어로 사용하는 농인들의 일상회화 중심으로 구성하였다.

A: 안녕하세요? 만나서 반갑습니다.

B: 저도 반갑습니다.

3. 단어

수화문에 있는 단어와 추가 활용단어들을 수록해 폭넓은 수와 어휘를 제시하고, 응용력을 키울 수 있도록 구성하였다.

~하지 마

~해주세요

가르치다

걱정

경기

구경

그냥

그런데

4. 농인 이야기

농인들의 생활 속에서 일어날 수 있는 이야기들을 통해, 농인에 대한 삶과 문화를 더 가깝게 이해할 수 있도록 구성하였다.

사회복지학 총서·91

한국수화 회화 첫걸음

차 례

	제 2부	한국수화 회화

제1부

———

한국수화의 이해

오늘날 우리나라 수화교육의 현장은 수화에 대한 이해를 기반으로, 언어학적으로 접근하지 않고 수화를 단순히 기능적으로 가르치는 경향이 지배적인 상황이다. 이에 따라 수화교육은 주로 한글과 음성언어 방식에 끼워 맞춘 한국어 대용 수화 어휘를 가르치는 형태로 전락하였다고 본다. 다시 말하면 '표준 수화'로 포장된 단어조합 위주의 수화학습이 보편화되고 말았다는 것이다.[1] 이는 수화를 알리고 수화에 대한 청인의 관심을 불러일으키는 데에는 일정 부분 기여하였지만 동시에 농인의 문화와 사회를 대변하지 못하고 수화를 한국어에 종속된 저급한 언어로 과소평가하는 결과를 초래하였다.

그래서 농인의 생각과 삶이 표현된 수화문과 수화어휘를 청인에게 가르치지 못하였고, 농인이 일상적으로 사용하는 수화 문법 표현들이 널리 알려지지 못하였다. 물론 청인에게 수화는 여전히 낯선 언어이며 언어로 인정 받지 못하고 있지만, 수화와 농인을 분리할 수 없고, 수화가 농인의 모국어임을 감안할 때, 분명 지금의 수화교육은 혁신적으로 변화해야 한다.

결국 수화교육과 학습의 개혁을 위해서는 수화에 대한 바른 이해가 절실하게 필요한 것이다. 즉, 한국수화를 실제적으로 배우고 익히기에 앞서 수화가 어떤 언어인지를 구체적으로 이해할 필요가 있다. 수화에 대한 기초적인 지식은 한국수화를 기능적으로 활용하는 것 못지않게 매우 중요하다. 왜냐하면 수화에 대한 바른 지식은 한국수화에 대한 바른 이해를 갖게 하며 한국수화에 대한 바른 이해는 수화를 바르게 사용할 수 있는 토대가 되기 때문이다.

---

[1] 서문에서도 밝힌 바와 같이 이런 잘못된 수화교육의 현상을 만드는 데 이 책의 저자들 중 한 사람인 이준우 교수도 일조하였음을 거듭 밝힌다. 이제 과거를 단절하는 것이 아니라 과거의 부족함과 잘못을 딛고, 더 나은 수화교육과 학습의 방향과 방법을 모색해 나갈 필요가 있다고 본다. 이 책의 "제1부 한국수화의 이해"는 이런 자기성찰을 기반으로 하여 이준우 교수가 작성하였다.

—

제1장

언어로서의
수화

언어는 인간의 사상과 감정을 표현하는 중요한 수단이며, 언어에 의해서 인간의 정신과 사고, 인격 등이 성장한다고 할 수 있다. 농인[2]들은 주로 수화[3]라는 언어를 상호 의사소통의 주된 수단으로 사용하여 그들의 사상과 감정, 나아가 그들의 시각문화를 형성하여 간다고 볼 수 있다(이준우, 2004a). 수화는 주로 손의 움직임과 표정 등과 같은 비수지 신호로 뜻을 전달하는 농인들에 의해 창조된 언어이다. 이는 일종의 비음성 언어로서 '시각 운동' 체계이다(Davis & Silverman, 1978; 김승국, 1983 재인용; 이준우, 2004 재인용). 또한 수화는 시각으로 식별할 수는 있지만 청각으로 식별할 수는 없고, 음성언어와 마찬가지로 지각하는 동시에 사라져 버리는 특성을 가진다(이준우, 2004b).

이러한 수화가 점차 언어의 모습을 찾아가면서 최근에는 우리나라에서도 수화를 고유한 문법과 표현방법을 가진 하나의 독립된 언어로 인정하기에 이르렀다. 이렇게 수화는 농인의 가장 보편적인 의사소통 양식이며 그들이 일구

---

2) 듣지 못하는 사람들을 과거에는 벙어리, 귀머거리로 불렀지만, 현대에 와서는 '청각장애인, 농아인, 농인' 이라는 말을 사용한다. 세 가지 용어 중 어느 것을 선택하든 특별한 하자는 없으나 듣지 못하는 사람들은 자신이 '농아인' 혹은 '농인' 으로 불리기를 원하는 것으로 보인다. 그래서 이 책에서는 '농인' 이라는 용어를 사용하고자 한다. 그리고 소리를 들을 수 있는 일반인은 소리를 듣는 데 건강한 사람이라는 의미에서 '건청인' (健聽人) 혹은 '청인' (聽人)으로 기술하고자 한다.

3) 일부에서는 '수화' 대신 '수어' 라는 말을 사용하는 것이 바람직하다고 주장한다. 수화(手話) 역시 하나의 언어체계이기 때문에 수화보다는 수어(手語)라 하는 것도 일리가 있다고 본다. 하지만 '수화' 는 해당 분야 전문가와 학자, 그리고 수화 사용자만이 쓰는 것이 아니고 일반 모두가 두루 사용하는 것이기 때문에 과거에서부터 지금까지 계속 사용해온, 일반 대중에게 익숙한 용어이다. 그래서 이 책에서는 '수화' 로 표기하였다.

어 가는 삶의 양식과 문화적 정서를 대변하는 가장 대표적인 언어로 자리매김해 나가고 있다. 결국 수화는 시각 경험만으로 이 세상을 체험하고, 또 시각 경험에 의해 삶을 영위해 가는 사람들이 창조한 독특한 언어라 할 수 있다.

수화는 수화를 사용하는 농인들 사이의 약속이며, 농인에게는 생생한 언어 커뮤니케이션의 중요한 수단으로 가장 절실한 의사표현 방법이기도 하다. 일반 음성언어가 변하듯이 수화도 변하고 발전한다. 수화는 무한한 창조성을 지니고 있는 손으로 된 언어이다. 그 흔들리는 손으로 해학, 언어유희, 노래, 시, 속삭임과 같은 미적인 뉘앙스를 뚜렷이 나타낼 수 있다. 수화는 한마디로 손의 예술이다(이준우, 2004a).

또한 수화는 얼굴 표정과 밀접한 관계가 있다. 표정 없는 수화는 극히 무미건조하고 무의미한 언어이지만 표정 있는 수화는 생동하는 언어가 된다(이준우, 2004b). 그래서 수화를 사용할 때는 표정을 충분히 살려야 한다. 특히 동사, 형용사, 부사로 사용 되는 수화를 표현할 때, 표정은 그 전체적인 의미를 좌우한다. 더욱이 수화는 주로 동사를 사용하고 형용사가 많지 않아 모든 표현이 단순하므로 반드시 표정으로 보완해야만 한다. 또 영어처럼 존대어가 따로 없어, 예를 들어 "당신은 집이 어디입니까?" 라고 물을 경우 "당신 집 어디?" 하고 간단히 줄여서 말한다. 따라서 윗사람과 대화를 할 경우에는 몸의 자세나 표정을 공손히 해야 한다. 뿐만 아니라 어순이 도치되는 경우도 간혹 있고, 한 단어가 명사, 동사, 형용사, 부사 등을 품사에 관계없이 동일하게 사용하는 경우가 빈번하다. 예를 들어 '건강' 이라는 명사와 '건강하다' 는 동사, '건강한' 이라는 형용사를 모두 동일한 수화로 표현하는 것과 '감사', '감사하다', '감사한' 도 똑같은 수화로 표현하는 것 등을 들 수 있다(변강석, 2007). 그러므로 표정은 수화에 있어서 참으로 중요한 요소이다.

그리고 수화는 의미하는 동작이나, 그 특성을 본뜬 동작을 하는 행위이거나, 의미하는 대상의 형체나 윤곽을 그려 보이는 것이다. 혹은 의미하는 대상의 형체를 만들어 그것을 가리키거나, 의미하는 대상의 형체나 그 일부를 만들어 그 대상이 하는 동작을 표현하는 시각적인 언어이다(한국표준수화규범제정추진위원회, 2005). 그래서 수화를 구사할 때는 공간을 잘 활용해야 한다. 가령 '오다' 와 '가다' 라는 수화는 공간에 따라 다르게 해석되며, '들어가다' 와 '나오다' 는 공간의 방향에 따라 해석된다. 집에 들어가는 것인지, 나오는 것인지 또는 사람들의 무리에 들어가는 것인지, 나오는 것인지, 공간의 방향을 어떻게 하는가에 따라 의미가 정반대로 해석될 수 있다. 나아가 수화의 방향을 일치시키는 것도 중요하다. 가령 '말하다', '야단치다', '기각되다' 등의 방향을 요구하는 수화 어휘는 누가 누구에게 일어나는 것인가에 따라 방향을 고려해서 사용해야 하는 것이다(변강석, 2007).

이렇게 보면 수화는 수화 특유의 관용적인 표현 방식을 갖고 있는 정교한 언어라 할 수 있다. 그런데 아직도 많은 사람들은 농인의 수화를 제스처나 단순한 손짓 내지 몸짓 정도로 잘못 알고 있는 듯하다. 특히 일부는 수화를 마임과 같은 것으로 생각하기도 한다. 하지만 분명한 것은 마임은 표현 하나 하나가 구조화되어 있지 않을 뿐만 아니라 보편적인 규칙을 지니고 있지도 않다.

따라서 표현하는 사람에 따라 다르고, 같은 사람의 표현이라고 하더라도 때에 따라 달라질 수 있는 것이다. 수화를 제스처 정도로 생각하는 관점은 수화가 자연언어로서의 보편적인 특성을 지니고 있지 않다는 생각으로 이어진다. 뿐만 아니라 지각 양식(modality)과 언어습득에서의 특수성은 수화를 자연언어로서 받아들이는 데 상당한 걸림돌로 작용하고 있는 것으로 보인다. 거기에는 오랫동안 청각-음성 양식에 익숙해져 있는 사람들이 쉽게 시각-몸짓 양식의 수화를 언어로 받아들이기 어렵다는 것과 수화의 전승이 모국어를 바탕으로 이루어지는 보편적인 언어습득과 반드시 일치하지는 않는 데서 기인한다(안일남, 1995).

또 다른 일부 청인들은 농인들이 하는 수화가 비논리적이고 비문법적이어서 도대체 무슨 뜻인지 이해하기 어렵다고 한다. 그러면서 청인들은 농인들이 쓰는 어렵고 비논리적이며 비문법적인 수화를 배울 것이 아니라 일반 청인들이 쓰는 우리말 체계에 따른 표준수화를 만들어 농인들에게 가르쳐야 한다는 주장도 하고 있다. 이들의 주장대로 우리말 체계에 따른 표준한국수화를 만들어서 가르칠 수도 있다. 그러나 이것은 한국 농인들이 농인 부모나 형제들로부터 생활과정에서 자연스럽게 익힌 것과는 동떨어져 농인들의 정서와 감각에 수용되지 못하여 대단히 부자연스러운 언어가 될 것이다. 농인들은 그들이 생활 속에서 자연스럽게 생성·발달시켜 온 자연수화를 그들의 언어로 인정해 주는 것을 가장 원한다(장진권, 2004).

실제로 언어가 언어일 수 있기 위해서는 일반적으로 첫째, 하나의 체계, 둘째, 자의성(恣意性), 셋째, 수많은 부호, 넷째, 음성, 다섯째, 사회적 협동의 조건을 충족해야 한다. 하지만 이와 같은 전통적 개념은 최근에 와서 상당히 수

정되고 있다. 언어요소에서 음성만이 아니라 수화도 포함하게 된 것이 대표적 일례이다. 밖으로부터 받아들이는 언어정보는 감각기관을 통해 지각된다. 음성이면 청각, 수화나 문자라면 시각, 점자라면 촉각을 기반으로 하는 것이다. 이것은 앞에서 말한 지각 양식으로, 수화언어와 음성언어는 이와 같은 지각 양식에서 차이가 있을 뿐(김칠관, 2003), 그 외의 언어적 조건에서는 전혀 다를 바 없다고 보아야 한다.

이러한 수화에는 몇 가지 독특한 특성이 있다. 첫째, '가시성'이다. 수화 표현들은 육안으로 쉽게, 그리고 정확하게 식별할 수 있다. 그렇기 때문에 독순술이나 독화술의 경우에서 보이는 것처럼 애매하거나 혼란스럽게 느낄 필요가 없으며 명료하고 신속한 수신이 가능하다(Vernon & Andrews, 1990; 이준우, 2004b 재인용).

둘째, '구체성'과 '감각성'이다. 즉, 구체적이며 감각적인 표현이 가능하다. 미묘한 감정의 생생한 전달과 음성언어가 갖지 못하는 구체적인 표현을 맘껏 할 수 있다(Vernon & Andrews, 1990; 이준우, 2004b 재인용). 또한 두 손과 팔, 얼굴, 그리고 상반신을 동원해서 다양한 형상을 빚을 수 있다는 점에서 강렬한 시각적 효과를 주는 감각적 표현이 가능하며 특히 공간표현에 탁월성을 가질 수 있다(Lane, 1992).

셋째, 수화의 문법이 음성언어의 문법과 일치하지 않는다는 것이다 (Vernon & Andrews, 1990; 이준우, 2004b 재인용).[4] 즉, 수화는 형태와 문법적인 면에서 음성언어와 다르다(Paul & Quigley, 1990; 이준우, 2004a 재인용). 가령 한국수화의 경우 조사의 사용을 대부분 생략하는 것과, 동사나 형용사의 어미 변화를 반영하지 않는 것을 실례로 들 수 있다.

따라서 수화는 한국어, 영어, 일본어 등과 마찬가지로 엄연한 언어로 대접받아 마땅하다. 촘스키(Chomsky)는 언어의 요건으로 "음성에 의한 의미의 전

---

4) 사실 수화의 역사는 매우 오래되었다(이준우, 2002a). 그러나 언어로서의 가치를 인정받게 된 것은 서구에서도 불과 약 40여 년 전의 일로 그 이전까지는 구화주의자들에 의해서 수화는 상당한 핍박을 받았다(이준우, 2003b). 심지어 농 교육자들이나 농인들에 의해서도 마임이나 제스처의 한 유형으로, 원시적인 의사소통 방식으로 취급받기까지 했다(이준우, 2002a). 그러나 수화는 다른 언어들과 마찬가지로 나름의 문법과 어휘를 가지고 있다는 사실이 판명되었다. 수화는 단어나 문장을 표현하기 위해서 손, 팔, 얼굴을 동원한다. 철자를 표시하는 기능을 하는 지화도 수화에 포함되어 빈번하게 사용된다(Stokoe, 1960).

달"을 들었으나 나중에 "신호에 의한 의미의 전달"(*signal-meaning correspondence*)로 수정했다(Klima & Bellugi, 1979; 김칠관, 2003 재인용). 이 언어의 정의에 관한 변화가, 농인들이 구사하는 시각적 언어인 수화가 비로소 언어의 범주에 들어가는 데 결정적 요인으로 작용하였다.

특히 스토키(Stokoe, 1960)는 세 가지 측면에서 수화가 독립적인 언어형식을 가지고 있다고 하였다. 첫째, 사용하는 집단 내의 구성원들에 의하여 시간 흐름에 따라 수화가 발달한다는 것, 둘째, 수화에 일찍 노출된 농아동들은 일반적인 언어획득 과정을 거친다는 것, 셋째, 수화에는 독특한 언어구조가 있다는 것이다. 그리고 푸스펠트(Fusfeld, 1970)는 "수화는 농인들의 의사소통을 위한 유일한 언어체계이며 사상을 나타내는 데 수화에 의존하는 것은 깊고 내적인 욕구에 강하게 뿌리박은 자연적인 현상이다"라고 말하고 있다(이준우, 2003). 터부트(Tervoot, 1970)는 "수화는 인간적 접근과 지식에 대한 농아동의 욕구에 있어 실망과 좌절을 보다 적게 겪게 하며, 또 언어적 도구를 발전시키기 위해 보다 쉽고 빠른 방법을 제공한다. 수화가 주는 이 유익함은 구화주의의 발달에 따른 이익보다도 가치가 있다"고 설명하고 있다(이준우, 2003).

이렇게 1960년대 이후 수화의 언어학적 특성 및 수화사용 효과에 대한 연구들이 미국에서 쏟아져 나오면서 미국수화에 대한 관심을 고조시킨 결과 언어학자들에 의해 미국수화(ASL: American Sign Language)는 마침내 언어로 인정을 받게 되었다. 이는 미국수화만이 아니라 전 세계 모든 수화가 문법체계를 가진 농인들의 자연적 언어인 것을 인정하게 하는 데 크게 기여하였다(Bellugi & Fisher, 1972; 이준우, 2003 재인용).

제2장
—
수화의
보편적 특성

인간을 만물의 영장이라고 일컫는 주요한 이유 중 하나는 인간에게는 언어 능력이 있다는 사실이다. 인간만이 복잡하면서도 창조적인 언어를 사용할 수 있다. 인간의 언어는 여러 가지로 분류할 수 있는데 협의의 의미로 언어는 음성언어를 의미하며 광의의 의미로는 모든 체계의 의미전달 체계를 총칭한다.

협의적 의미의 언어를 먼저 생각해 보면 언어란 "소리와 의미 내용 사이의 대응 관계를 맺어 주는 규칙의 체계"라고 정의할 수 있다. 즉 언어는 소리와 의미 사이의 약속의 체계를 말한다(최정화, 2000). 광의적 의미의 언어는 협의적 의미의 언어를 포함하여 의미전달 체계를 가지는 모든 시스템을 총괄하는데, 문자언어가 대표적인 것이며 그 외에도 시각언어에 속하는 수화, 제스처, 바디랭귀지(Body Language), 촉각 언어인 점자 등이 속한다. 이들은 전달자와 수신자 사이에 이루어진 약속과 관습 등에 의하여 일정한 의미를 지닌다(이준우, 2004a). 결국 언어는 하나의 의사소통 체계[5]라고 할 수 있다.

수화는 분명한 의사소통 체계를 갖고 있으며 그렇기 때문에 수화는 몇 가지 보편적 특성을 갖고 있다(김칠관, 2003). 그것은 손이 관여하는 부분과 손이 관여하지 않는 부분으로 나뉘는 데서 비롯되는 특성이다. 손이 관여하지 않는

---

[5] 모든 의사소통 체계들의 공통된 특징은 첫째, 음성·청각적 또는 시각적 의사소통 수단이 존재하며, 둘째, 모든 신호는 의미를 가지고 있으며, 셋째, 모든 의사소통 체계는 실용적인 기능을 지니고 있다는 것이다. 가령 교통신호체계, 표지판, 컴퓨터 프로그래밍 언어, 수(數) 언어, 벌들의 춤, 나방의 화학물질 분비, 개 짖는 소리, 인간의 언어 등이 사실은 의사소통 체계라 할 수 있다. 하지만 많은 의사소통 체계들 중 인간의 것만이 '언어'이며 이를 자연언어(*Natural Language*)라고 부른다(김칠관, 2003).

부분은 표정, 입 모양, 머리 움직임 등이 중심이 되며, 이것으로 억양이나 악센트와 같은 것을 나타낸다. 손이 관여하는 부분은 손 모양, 손 위치, 손 움직임 등을 통해 드러나는 특징적인 변화를 나타내는 것이다.

여기서 손이 관여하지 않는 부분을 비수지 신호(non-manual signals)라고 하는데, 비수지 신호가 수화에서 중요한 이유는 양손 이용을 바탕으로 하는 공간적이며 동시적인 수화 실현에도 불구하고 수화에는 문법적인 관계를 나타내는 데 분명한 한계가 있기 때문이다. 손이 관여하는 부분은 손으로 비롯되는 세 가지 요소와 관련지을 수 있다. 즉, 손 모양은 어휘[6]형성과 어형변화[7], 손 위치는 굴절, 손 움직임은 양상(aspect)[8]으로 이어진다. 손 모양, 손 위치, 손 움직임 등은 모두가 특징적인 손의 변화가 관여하고 있다. 단순히 사물의 모양이나 움직임을 흉내 낸다고 생각하기 쉬운 이러한 변화는 모두가 분류사(classifiers)의 기능과 관련되어 다양한 의미를 나타낼 수 있게 한다. 다시 말해서 분류사는 어휘형성뿐만 아니라 서술어를 수식함으로써 여러 가지 문법적 변화(어형변화)를 이끌어낸다.

음성언어가 호흡기관(폐, 기관지), 후두(성대, 성문), 성도(인두, 구강, 비강)를 통해 만들어지듯이 수화에서도 관절과 근육의 움직임에 따라 다른 형태의 단어들이 만들어진다. 음성언어에서의 조음기관과 같은 역할을 수화에서는 머리, 얼굴, 몸통, 팔, 손을 통해서 할 수 있다. 이러한 신체부위들이 조합되는 '수화 공간'(signing space)은 상하로는 허리에서 머리 위까지, 좌우로는 어깨에서 조금 떨어진 공간까지를 포함하는, 팔이 펴질 수 있는 범위 내의 공간을 말한다. 주의할 것은 몸의 뒤쪽은 수화공간에 포함되지 않는다는 것이다.

따라서 수화의 구성요소는 첫째, 손과 손가락의 모양을 말하는 수형(手形), 둘째, 손의 위치를 말하는 수위(手位), 셋째, 손과 팔의 움직임을 말하는 수동(手動), 넷째, 손바닥의 방향을 말하는 수향(手向)이다. 수화에서 단어는 이 네 가지 요소의 조합에 의해 만들어지며 반드시 이 네 가지를 포함하여야 한다.

---

6) 뜻을 가지고 자립적으로 쓰일 수 있는 국어의 가장 작은 단위를 단어라고 한다. 대부분의 개념은 단어 단위로 표현된다. 단어가 많을수록 개념을 표현하기 위한 수단이 많다는 것을 의미한다. 그리고 이러한 단어를 종합하여 부를 때 어휘라고 한다.

7) 어형변화(語形變化)란 말이나 단어의 형태에 일어나는 변화를 의미한다.

8) 양상이란 사물이나 현상의 모양이나 상태를 말한다.

〈표 1〉 수화와 음성언어의 비교

	수 화	음성언어
조음기관	눈으로 확인 가능 관절, 근육, 움직임에 따라 다름. 머리, 얼굴, 몸통, 팔, 손 등이 조음기관이 됨.	호흡기관: 폐, 기관지 후두: 성대, 성문 성도: 인두, 구강, 비강
기본위치 기본자세	직립자세로 팔이 앞을 향한 상태에서 팔꿈치가 굴절된 모습이 기본 위치이자 기본 자세임.	혀의 중간위치
조음공간	3차원 공간 허리에서 머리 위, 어깨에서 양 옆으로 떨어진 공간 등 팔이 뻗칠 수 있는 범위 내의 공간	목
구성요소	수형 수위＝조음위치 수동 수향(장향: 손바닥 방향, 지향: 손가락 끝 방향)	공기의 흐름 마찰 혀의 움직임 성대의 떨림
감정표현	동작의 세기, 길이	음의 고저, 강세
공통점	음성언어와 수화는 표면적 차이(감각기관, 인지, 표현기관)에도 불구하고 구조적으로 유사함.	
	구성요소들이 합쳐져서 하나의 단어를 형성하고, 서로 다르게 합쳐져 무한히 많은 단어를 만듦(불연속성).	

수형은 손가락 관절들이 어떻게 배치되느냐에 따라 달라진다. 즉 각각의 관절들이 굽혀졌느냐, 펴졌느냐, 펼쳐져 있느냐, 서로 붙어 있느냐에 따라 수형이 달라진다. 수위는 크게 머리, 얼굴 부분, 어깨, 가슴, 배, 손으로 구분한다. 한 개 혹은 한 개 이상의 수위를 가질 수 있다. 원칙적으로 주된 손은 수화 공간 안에서 주된 손을 제외한 신체상의 모든 곳을 접촉할 수 있다. 주가 되지 않은 손이 수화공간으로 활용될 경우, 주된 손은 주가 되지 않는 손의 여러 부분을 접촉할 수 있다. 수동은 어깨, 팔, 손목과 손가락 관절의 움직임에 의해 결정된다. 수동을 분석하는 기준은 첫째, 두 손 모두 움직이는가, 둘째, 서로 상호작용을 하는가, 셋째, 신체의 일부와 접촉을 하는가, 넷째, 운동의 방향은 어떠한가, 다섯째, 운동의 형태는 어떠한가이다.

수동의 형태는 수동의 성격과 크기에 따라 분류된다. 먼저 수동의 성격에 따라 첫째, 관절을 굽히는 동작을 말하는 굴곡(屈曲)과 관절을 펴는 동작인 신장(伸張), 둘째, 관절을 밖으로 뻗는 동작인 외전(外轉)과 관절을 중심축 방향

〈표 2〉 수동의 성격과 크기

수동의 성격	수동의 크기
굴곡: 관절을 굽히는 동작 신장: 관절을 펴는 동작 외전: 관절을 밖으로 뻗는 동작 내전: 관절을 중심축 방향으로 돌리는 　　　동작 회전: 관절을 둥글게 돌리는 동작	궤도 운동: 어깨와 팔꿈치 관절이 움직임 국지 운동: 손목과 손가락 관절이 움직임

으로 돌리는 동작인 내전(內轉), 셋째, 회전(回轉)이다. 다음으로 수동의 크기에 따라 첫째, 어깨와 팔꿈치 관절의 움직임인 궤도(軌道) 운동, 둘째, 손목과 손가락 관절의 움직임인 국지(局地) 운동이다.

또한 3차원 수화공간에서 수동은 무수히 많은 방향성을 가질 수 있다. 수향을 살펴보면, 손바닥이 어디를 향하느냐는 단어의 구성과 변별에 중요한 요소이다. 3차원 수화 공간에서 수향은 무수히 많은 방향성을 갖는다.

이상의 내용을 정리하면 수화는 다른 여러 언어와 마찬가지로 충분히 발달된 언어로서 수형(hand configuration), 수위(place of articulation), 수동(movement)이라는 하위어휘 구조로 이루어져 있으며(Klima & Beluugi, 1979), 수화의 문장조직을 표현하기 위해 3차원의 공간에서 수화 단어들이 결합되는 문법을 지니고 있음을 알 수 있다(Courtin & Melot, 1998). 특히 시각적인 특성을 지닌 수화의 문법에서 눈과 얼굴, 머리의 움직임이 아주 중요한 역할을 하고, 감정에 관한 정보가 담겨 있기도 하며, 대화를 통제하는 정보를 전달하는 데 사용되기도 한다는 것이다(Wilcox & Padden, 1989).

___

제3장

수화의 형식과 내용

1. 언어적 형식

농인의 모국어인 자연수화는 농인이 자발적으로 사용함으로써 농인 사회와 농문화의 특성을 고스란히 반영하고 있으며, 세대를 이어 전승된다. 한 세대에 걸쳐 이루어진 자연언어로서의 수화는 앞서 수화의 보편적 특성을 통해 살펴 본 바와 같이, 음성언어에서 볼 수 있는 것과 같은 언어 형식으로서의 구조를 동일하게 지니고 있다. 수화와 음성언어는 어휘의 하층 수준, 어휘 또는 문장을 형성하기 위해 의미 있는 단위끼리 잇는 방법을 정하는 수준과 회화를 위해 문장을 잇는 방법을 정하는 수준 등이 거의 유사하다. 그래서 음성언어에서 구성소(constituent)[9]를 설정함으로써 언어 형식을 설명하는 것과 같은 방식으로 수화도 정리될 수 있다(김칠관, 2003; 이준우, 2004b 재인용).

즉, 음운론이 언어에 쓰이는 최소의 음성 단위인 음소[10]가 어떤 규칙에 따라 말로 이어지는가를 의미하는 것이라면, 수화에서의 손의 모양과 위치, 손의 움직임과 방향이라고 하는 요소도 음소와 동등한 단위로 보고 그것들이 이어

___

9) 언어를 기술할 때, 필요한 구문상의 구성요소를 말한다.

10) 넓은 뜻에서의 음소를 음운과 동일시하기도 하지만 엄밀한 의미에서 음소는 음운에 속한다. 음운은 의미를 분화시켜 주는 가장 작은 소리의 단위로 언어마다 음운체계가 다르다. 음운에는 음소와 운소가 있다. 음소는 분절음으로 자음(ㄱ, ㄴ, ㄷ…)과 모음(ㅏ, ㅐ, ㅑ, ㅒ…)을 나타내며, 쪼개어 나가서 그 이상 쪼개지지 않는 가장 작은 음운적 단위이다. 즉, 음소란 더 이상 작게 나눌 수 없는 음운상의 최소 단위를 의미한다. 운소는 소리의 길이(음장), 세기(강세), 높낮이(성조) 등이 말의 뜻의 분화에 관여하는 경우, 이러한 소리의 요소를 일컫는 말이다.

지는 규칙을 음운론에서 다룰 수 있다. 이로써 음운 제약, 음운 변화, 음절 등 음운 규칙을 비롯하여 음운 구조를 설명하는 수화 음운론(*Sign Language Phonology*)이 가능한 것이다(김칠관, 2003; 이준우, 2004a 재인용). 따라서 수화 음운론은 수화가 어떻게 구성되고 조직되어 있는가를 탐구하는 것이다.

결국 수화도 음성언어와 마찬가지로 가장 낮은 수준의 구성소가 동시에, 혹은 순차적으로 또 다른 구성소와 합성됨으로써 보다 높은 수준의 형태[11]를 이루고, 나아가서는 수화 단어를 형성한다. 또한 음소의 상호 영향으로 나타나는 음운 변화로서의 동화[12]와 같은 현상을 수화에서도 볼 수 있다.

그런데 수화가 가지고 있는 독특성을 극적으로 보여주는 것이 있다. 바로 하나의 단어로 취급되면서도 그 속에 복잡한 문법적 의미를 지니고 있는 수화가 있다는 것이다. 이러한 경우에는 단순히 음성언어의 형태론적 설명만으로는 불충분하다. 여기에는 분류사(*classifier*)와 비수지 신호(NMS: *non-manual signals*) 등이 어떻게 관여하는지를 설명해야만 온전한 뜻을 나타낼 수 있기 때문이다(김칠관, 2003).

또한 한국수화도 음성언어나 다른 나라의 수화와 마찬가지로 문법을 지니는 언어이므로 낱말의 차례(어순)에는 규칙이 있다. 물론 아직 한국수화를 언어학적으로 연구해 분석하는 수준이 초보단계여서 한국수화의 문법성을 완벽하게 규명하지 못한 상황이지만 현재까지의 연구결과를 토대로 정리하면, 한

---

11) 형태소란 뜻을 가진 가장 작은 말의 단위이다. 즉, 문법적 또는 관계적인 뜻만을 나타내는 단어나 단어 성분을 의미한다. 가령 "철수는 어제 집에서 잤다"는 문장이 있다고 할 때, 자음과 모음을 말하는 음소는 22개(초성의 ㅇ은 음소의 개수에서 제외)이며 글자 수를 말하는 음절은 10개, 뜻을 가진 말의 최소 단위를 뜻하는 형태소는 8개(철수, ~는, 어제, 집, ~에서, 자, -ㅆ, ~다)이다.

12) 동화란 어떤 소리가 가까이 있는 다른 소리를 닮아 그것과 같거나 비슷한 소리로 바뀌는 음운 현상을 말한다. 동화로 바뀌는 소리를 피동화음(被同化音)이라 한다. 동화는 소리의 연결이 발음하기 어렵거나 발음할 수 없게 되어 있을 때 발음을 더 쉽게 바꾸는 현상이다. 발음의 편의를 추구하는 것은 언어가 가지는 중요한 특질 가운데 하나이므로 어느 언어에나 동화가 있게 마련이다. 한국어에는 여러 가지 동화가 있다. 피동화음이 자음인 것으로는 '잡는다→잠는다'와 같은 비음화(鼻音化), '설날→설랄'과 같은 유음화(流音化), '신발→심발'과 같은 조음위치동화(調音位置同化), '밭이→바치'와 같은 구개음화(口蓋音化)가 있다. 피동화음이 모음인 것으로는 '굽아, 굽어'와 같은 모음조화(母音調和), '올창이→올챙이'와 같은 'ㅣ' 모음동화, '플→물'과 같은 원순모음화(圓脣母音化), '즘승→짐승'과 같은 전설고모음화(前舌高母音化)가 있다.

국수화의 기본적인 어순은 한국어와 유사하지만, 다른 경우도 빈번하다고 말할 수 있다.

2. 언어적 내용

한국수화는 그림으로 단어를 나타내는 것이 일반적이다. 그러나 그림만으로는 그들 단어를 효율적으로 나타내기가 쉽지 않다. 그래서 우리말 이름(*label*)을 필요로 하는 것이다. 그러나 이것은 어디까지나 수화를 대신하는 데 편리하게 쓰기 위해 대응시키는 것일 뿐 수화의 의미를 나타내는 것은 아니다. 따라서 한국수화 단어의 의미는 어원적 의미를 바탕으로 그 구조와 변화에 접근할 수 있다(김칠관, 1998).

먼저 한국수화 단어의 의미 구조는 어원적 의미를 바탕으로 한 재구성(再構成)을 통해 규명할 수 있는데 구어 환경이 그 철대적인 배경인 것으로 볼 수 있다. 그것은 생활문화를 비롯하여 우리말 관용어와 한자문화 등이 근간을 이루고 있는 언어생활이 그 바탕이 되고 있는 것으로 보인다.

    A: 달걀, 신발
    B: 해고, 쉬다, 평생, 할 수 있다
    C: 어렵다

A는 우리의 관습과 정서를 바탕으로 하고 있다. '달걀'의 경우 그 어원적 의미는 '달걀을 눈 앞에서 굴려 멍을 삭이는 것'이다. 바로 우리의 문화를 바탕으로 이루어진 수화인 것이다. '신발'의 경우도 그 어원적 의미는 '고무신을 비틀어 보는 것'이다. 즉 고무신의 질긴 정도를 알아보는 것인데, 이는 어려웠던 시절 흔히 볼 수 있던 우리의 생활 지혜이기도 하다. B는 우리말의 관용어 현상을 기반으로 이루어진다. '해고'가 대표적인 예이다. '해고'의 어원적 의미는 '목이 잘리는 것', 즉 '일자리에서 잘리는 것'이다. 뿐만 아니라 우리말의 잠재적 의미가 수화로는 현재적으로 드러나기도 한다. '쉬다'의 어원적 의미는 '일손을 놓는 것'이다. 이는 과거 농경사회에서 '가래를 놓아버리고 휴식을 취하는' 모습에서 유래된 것이다. 그 밖에도 '평생', '할 수 있다'

등과 같이 한국수화 속에서 자생한 관용어 현상도 볼 수 있다. C는 한자의 다양한 이용을 보여주는 것으로 한자 문화권에서와 같은 의미 구조를 보여주기도 한다. '어렵다'는 한자성어의 의미를 형상화한 것으로 그 어원적 의미는 '고육지계'(苦肉之計), 즉 '자신의 살을 비틀어 어려움을 나타내는 것'이다.

의미 변화는 의미의 확장과 분화를 통해 살펴볼 수 있는데, 이것으로 한국수화의 의미를 알 수 있다.

D (문장)	
한국어	갑자기 사라지다
수화문	여우(교활), 쥐(조금씩 꾸준히), 귀신

D의 예는 비유법에 의한 표현으로, 의미의 확장을 볼 수 있다. 즉, '갑자기 사라지다'를 '여우'라는 수화를 쓴 후, '쥐' 수화를 하고, 곧바로 '귀신'이라는 수화를 사용함으로써 표현할 수 있는 것이다.

제4장
—

비수지 신호와
분류사, 수화 관용어

1. 비수지 신호(non-manual signals)

수화는 시각적 언어이다. 그러므로 수화와 함께 때로는 단독으로 자연스럽게 나타나는 얼굴 표정, 고개와 머리의 움직임, 입의 움직임, 눈썹과 눈의 움직임, 심지어 어깨를 으쓱이거나 움츠리는 움직임까지의 일련의 몸의 움직임을 비수지 신호라 한다. 비수지 신호를 통해 정서적 정보, 즉 놀람, 공포, 기쁨, 증오, 행복, 슬픔, 혐오, 비웃음 등의 감정을 표현할 수 있다.

　이러한 비수지 신호를 구성하는 것으로는 이마, 눈, 뺨, 입, 혀, 머리, 입술, 몸통, 그리고 유지와 반복의 속도, 크기와 세기의 멈춤 등이 있다. 비수지 신호는 언어습득 과정에서 초기에는 매우 보편적인 것이나 수화를 1차 언어로 습득하는 농인에게는 더 정교한 규칙성을 가지고 발달하며 이것은 구어와 수화 문법의 다른 점을 설명해 주는 증거가 된다. 예를 들면 다음과 같다(영락농인 교회 수화랜드 홈페이지-비수지, 손천식, 2009).

　A: 영희가 철수를 좋아한다.
　B: 영희가 철수를 좋아하니?

　A와 B를 수화문으로 나타낼 때는 '영희+철수+좋아하다'로 동일하다. 그러나 화자의 비수지 신호는 전혀 다르다. B의 '좋아하다'에서 턱을 아래로 내리면서 머리를 약간 숙이며 눈을 위로 뜨는 것이다. 이때 비수지 신호가 없으면 평서문이 된다. 이렇게 수화에서 비수지 신호의 역할을 정리하면, 첫째, 비

수지 신호는 수화에서 문법적인 역할을 한다. 둘째, 말의 리듬과 억양을 나타내기도 한다. 셋째, 비수지 신호는 길게는 문장을 표현하기도 하고 짧게는 구나 어절, 단어를 표현한다. 그렇다고 하더라도 음성언어와 반드시 일치하지 않는다는 데서 비수지 신호의 특별한 역할을 확인하게 된다(김칠관, 2003).

또한 엄미숙(1996)도 '피해', '상처받다', '야단맞다' 라는 어휘형태소가 얼굴표정, 눈의 움직임, 고개 움직임의 비수지 언어가 통합되어 수화로 실현된다고 함으로써 비수지 신호의 문법적 기능을 발표하였으며, 석동일(1989)은 한국수화에서 볼 수 있는 눈의 동작 기능은 네 가지, 안면 동작의 기능은 다섯 가지가 있다고 하였다. 이러한 연구결과들은 수화 실현의 특성상 자연스러운 결과들을 발견한 것이며 비수지 신호의 역할을 나타내는 예를 들면 다음과 같이 몇 가지로 말할 수 있다.

한국어: 가족은 몇 사람입니까?
수화문: 가족(턱을 끌며)-몇(미간을 올림)

위 예문은 문법적인 관계(화제화 및 의문)를 이어서 나타내는 경우로 자연수화 실현에서 문법표지의 미묘한 특성을 엿볼 수 있다. 비수지 신호 속에는 감정적인 표현도 포함되지만 언어로서의 기능, 즉 문법적 기능이 있는 데서 그 특성이 특히 두드러진다(김칠관, 2003).

일상생활에서 농인들의 대화중에 얼굴의 턱을 움직여서 '싫다' 라고 표현하는 것과 '거짓말' 이라는 수화를 표현할 때 혀를 오른쪽 옆에 접촉하였다가 왼쪽으로 이동하는 것을 볼 수 있으며, 긍정적인 표현을 할 때 눈동자가 커지고 얼굴이 앞으로 나오는 행동을 하며, 부정적인 표현일 때는 고개를 뒤로 젖히거나 약간 옆으로 돌리며 눈꺼풀이 수축되는 것, 다른 사람의 눈에 수화하는 모습이 표시되지 않도록 할 때 입술을 모아 가리키는 방향으로 고개를 약간 또는 높이 드는 것을 볼 수 있다(윤병천, 2001).

A: 운전(입술을 좌우로 끌며 머리를 약간 뒤로 젖힌다)
B: 운전(머리를 뒤로 젖히고 혀를 이 사이로 내민다)

위의 예는 비수지 신호가 부사와 같은 역할을 하고 있음을 보여주는 것으로 A는 순조롭게 운전하고 있다는 것을, B는 운전하는 것으로 잘못 알고 있었음을 나타내는 것이다.

그리고 두 개의 명사를 나열할 경우 그것이 수식 관계에 있는가, 병렬 관계에 있는가를 구별하는 것도 서로 다른 비수지 기호에 의해서이다. 기본적으로는 수긍 없이 연속적으로 표현하면 수식 관계(앞 명사가 뒤의 명사를 수식한다), 명사마다 수긍이 있으면 병렬 관계이다.

2. 분류사(classifiers)

앞서 말한 대로 수화에는 사물의 모양, 위치 관계, 움직임, 사람의 동작 등을 나타내는 분류사(또는 유사)가 있다. 이것은 수화의 수형, 위치 관계, 동작 등이 그것의 의미와 대응함으로써 서술어를 문법적으로 수식하는 역할을 한다. 좀더 쉽게 설명하면 수화에서 분류사란 첫째, 사물의 모양, 위치관계, 움직임, 사람의 동작 등을 나타내는 것이다. 둘째, 수화의 수형, 위치관계, 동작 등이 그것의 의미와 대응됨으로써 서술어를 수식하는 것이다. 가령 '누르다' 라는 표현을 할 때, (꾹꾹) '누르다', (리모컨 누르듯) '누르다', (강한 힘으로) '누르다' 로 동작할 수 있다. 이때 괄호 속에 있는 동작이 '누르다' 를 수식함으로써, 새로운 의미의 수화 어휘가 탄생하게 된다. 바로 괄호에 나와 있는 것이 분류사의 예라고 할 수 있다(변강석, 2007). 특히 지금까지 알려진 바로는 서술부에 분류사가 나타나는 것은 모든 수화에서 공통적으로 볼 수 있는 특징이다.

A: 마주 앉다, 갈지자로 걷다

위의 예는 분류사의 수식에 따라 '앉다', '걷다' 등의 의미가 변화하는 것으로 부사적 변화라고 할 수 있다.

B: 만나다

위의 예는 분류사가 대명사와 같은 기능을 하고 있음을 볼 수 있는데, 그것은 분류사가 마주하는 방향에 따라 의미가 변하기 때문이다. 여기서 '만나다'

는 형태 통사론적 접근을 필요로 한다. 분류사를 이용하여 사물을 나타낼 때 실제 크기와 같게 나타내거나 축척과 같은 형태를 취하기도 하는데, 이것을 척도(scale)라고 한다. 이것을 직접화법, 간접화법으로 설명하기도 한다.

3. 수화 관용어(idioms)

김칠관(1999)은 한국수화에서 흔히 볼 수 있는 전체적인 관용어구(total idioms)로, 구의 형식을 이루거나 두 개 이상의 단어가 한 단어 형식으로 이루어지는 언어형식을 말하였다. 그리고 그 밖의 관용어구로 끝머리를 중심으로 하는 유형 구분이 있다고 하였다. 가령 '눈+보석=눈썰미' 와 같이 체언형으로서의 명사형을 이루는 체언형과 '맹+주다=눈감아 주다' 와 같이 서술어미를 이루는 용언형이 있다고 하였다.

손천식(1999)은 강위규(1990)의 국어 관용표현 성립요건을 토대로 하여 한국수화의 관용표현에도 차용성, 동의성, 은유성, 대중성, 고정성 등의 조건을 충족하고 있음을 제시하고 있으며, 음성언어에 못지않은 풍부한 표현성을 가지고 있다고 밝혔다(김칠관, 2003).

손원재(2001)는 농인들 사이에서 의사소통의 수단으로 사용되는 관용수화적인 언어가 자연수화라고 하면서 많은 수화통역사가 일반 농인들과 거의 맞먹는 수화 어휘력을 습득하고 있으면서도 농인의 자연수화 표현의 의미를 정확하게 파악하지 못하는 것은 관용수화를 잘 이해하지 못한 결과라고 하였다. 이와 같이 수화의 관용표현은 인공 기호체계인 문법수화에서는 볼 수 없는 것으로 살아 있는 한국수화를 입증하는 것이라 할 수 있다(이준우, 2003). 여기서 관용표현이란 둘 이상의 단어가 결합되었을 경우 각 단어의 의미를 알고 있다고 하더라도 그것만으로는 전체의 의미를 유추(類推)할 수 없는 표현을 의미하는 것이다.

제5장

언어 사용

언어 사용은 언어의 목표와 단어와 문장의 대안적인 조합을 고르는 방법에 관한 것이다. 무엇을 누구에게 말할 것인지, 어떻게 말하고 언제 말할 것인지를 판단하는 데 도움이 되는 화용론(*pragmatics*)이라는 사회언어적 관습이 있다. 가령 친구에게 요즘 본 영화를 하나 이야기하고 있다고 생각해 보자. "이제껏 본 영화 중에 가장 재미있는 것이었어" 하거나, 또는 "너무 재미없어서 도저히 눈 뜨고는 못 보겠더라구" 하든지, 아니면 "이보다 더 지겨운 영화 있으면 나와 봐!"라고 말할 수도 있다. 하여간 여기에서 강조하고 싶은 것은 우리는 말을 건네고 있는 청중에게 전달하려는 의미에 가장 알맞다고 믿는 단어의 집합을 선택한다는 사실이다.

따라서 수화 화용론은 수화의 사회언어학과 상통하는 부분이 많음을 의미한다. 즉, 사회언어학은 언어와 사회구조 사이의 관계를 연구한다. 언어의 차이, 언어 사이의 접촉, 언어계획, 언어태도, 사회적 상호작용과 언어의 관계, 대화의 구조를 연구한다. 우리나라에서 수화 화용론에 관한 연구는 거의 찾기 힘들다. 하지만 수화가 적절하게 상황에 맞게 쓰이며, 수화의 사회언어적인 측면과 깊은 관계가 있음을 밝히는 수화 화용론은 앞으로 많은 연구가 필요한 분야이다. 수화 화용론에 관한 대표적인 분야인 미국수화를 예로 들면, 지문자로 이야기하기, 분류사 이야기, 수화 드라마, 수화연극, 농 유머, 수화 시 등을 통해 환경에 적절하게 맞는 수화를 연구하거나 수화를 예술의 한 부분으로 승화시키는 것을 볼 수 있다.

효율적인 언어에는 첫째, 말하는 이는 말하려는 바와 가장 알맞은 단어를 생각하고(내용), 둘째, 이 단어들을 문장으로 만들어서(형식), 셋째, 말을 하는 주어진 상황의 성질(사용)에 자기 목표(사용)를 맞추는 기제가 있다. 마찬가지로 듣는 이는 들은 단어(내용)와 문장(형식)을 해석하는데, 들은 언어에 관해 이미 알고 있는 바(내용과 형식)와 처해 있는 상황(사용)을 참조한다. 이런 언어의 특성을 수화는 고스란히 간직하고 있다. 음성언어의 기능에 전혀 떨어지지 않은 언어로서의 효율성을 담보하고 있는 것이다.

그러므로 수화는 언어이다. "수화를 배운다"고 하는 것은 외국어를 배우는 것과 같은 것이다. 농인들이 쓰고 있는 한국수화는 한국어와 다른 독자 체계를 지니는 언어이다. 독자적인 언어를 사용하는 집단으로서의 농인은 독자적인 문화도 지니고 있다. 따라서 한국수화는 한국어를 표시하는 기호가 아니다.

한국수화에는 분명한 음운구조가 있다. 극히 제한된 요소와 그 조합이라고 하는 구조를 그 언어의 '음운구조'라 할 수 있을 것이다. 수화를 '모양 짓는 요소'가 소리는 아니지만 구조라고 하는 측면에서는 동일함으로 "수화에도 음운구조가 있다"고 하는 것이다.

앞서 수화 음운구조를 음성언어의 구조와 비교해서 간략하게나마 살펴보았다. 수형, 수위, 수동, 수향, 비수지 신호, 분류사 등이 바로 수화의 음운구조라 할 수 있다. 그래서 외국어를 배워본 사람이면 알 수 있겠지만 소리를 어떻게 구별하며 그것들을 어떻게 조합하는가는 언어마다 다르다. 음운구조가 언어마다 다르게 되어 있기 때문이다. 수화도 한국수화와 미국수화의 음운구조가 다른데, 그것은 손의 위치나 모양, 그리고 움직임을 구별하는 방법이나 그 조합에서 다르기 때문이다. 그러므로 수화를 보고 이해하려면 손의 위치나 모양, 그리고 움직임이 어떻게 다른가를 구별할 수 있는 방법을 알아야 한다. 그것은 영어를 이해하기 위해서는 먼저 그 소리를 구분하지 않으면 안 되는 것과 같은 것이다.

한국수화에도 문법이 있다. 지금 많은 사람들이 수화를 배우고 있지만 대부분의 학습방법은 수화단어를 달달 외우는 것이다. 그러나 단어를 외운다고 해서 농인이 수화로 이야기하는 것을 이해할 수는 없다. 이것 또한 영어 단어를 하나하나 외우는 것만으로는 영어를 이해할 수 없는 것과 같은 것이다.

먼저 음운구조를 체득하지 않고서는 각각의 단어를 듣는 것(보는 것)만으로는 이해할 수 없다. 여기에 덧붙여 그 언어 특유의 단어 나열방법이라든가 단어에 붙는 요소, 단어의 어형변화라고 하는 문장을 만들 때의 구조를 알지

〈그림 1〉 수화의 임의성과 도상성(iconic)

비임의적 형태가 그림으로 표현될 때 형태와 의미의 관계가 가장 비임의적이다. 수화는 음성언어에 비해 매우 도상적이다.

못하고서는 나열한 단어와 단어의 관계를 알 수 없게 된다. 이렇듯 문장을 만들 때의 구조를 문법[構文方法]이라고 하는데, 이 문법도 음운구조와 마찬가지로 언어마다 다르다. 수화에도 문법이 있다. 여기에 관해서는 수화 통사론을 설명하면서 정리해 보았다. 중요한 것은 한국수화의 문법은 한국어 문법과 다르며, 말할 것도 없이 미국수화의 문법과도 다르다는 점이다.

한국수화는 언어이다. 그렇기 때문에 한국수화는 분명한 특성을 갖고 있다. 그 특성을 다음과 같이 정리함으로써 결론으로 대신하고자 한다.

첫째, 같은 시각운동 체계를 사용하는 일원들이 신호를 사용하여 의미를 주고받을 수 있다. 농인이든 청인이든 시각운동 체계인 수화를 통하여 의사소통할 수 있다는 것이다. 물론 여기에서 중요한 전제는 이미 약속되고 합의되어 농인 사회에서 인가된 수화를 사용한다는 것이다.

둘째, 집단 내 상호작용을 통해 전수된다. 농인 사회라고 하는 농인 공동체를 통한 농인 상호 간, 혹은 농인과 청인 간의 의사교류를 통하여 수화 사용이 전수되고 확장된다는 것이다.

셋째, 임의성과 도상성을 갖고 있다. 임의성(arbitrariness)이란 신호의 형태는 신호가 가지고 있는 의미와 본질적으로 연관되어 있지 않다는 것을 말한다. 언어신호는 의미와 형태가 결합된 것이다. 예컨대 사과를 생각해 보자. '사과'라는 의미가 있고, 그 '사과'를 한국어는 '사과'라고 발음하지만, 영어는 '애플'이라고 한다. 이렇게 같은 의미를 갖고 있는 사과도 발음의 형태는 다르다. 즉, 신호의 형태는 신호가 가지고 있는 의미와 본질적인 연관성이 없다. 의미로부터 형태를 유추할 수 없다. 이것이 임의성이라는 개념이다.

수화는 음성언어에 비하여 매우 도상적이라 할 수 있다. 여기서 도상성

(*iconiness*)이란 형태와 의미의 관계가 가장 비임의적인 경우에 대상의 형태가 그림이나 이미지로 표현되는 것을 말한다. 가령 의자, 새, 비행기 등과 같은 수화의 표현은 도상성을 갖고 있다. 음성언어가 임의적인 이유는 소리를 사용함으로 인해 직접적 표현, 이미지화된 표현방법이 없기 때문에 표현의 제한으로 인한 임의성이다. 그러나 수화는 임의성과 동시에 도상성을 가진 언어로서 음성언어보다 다양한 표현이 가능하다.

넷째, 복잡하게 조합된 신호를 여러 개의 작은 단위들로 분석할 수 있는 불연속성을 갖고 있다는 것이다. 이는 바꾸어 말하면 작은 신호단위들을 조합하여 새로운 신호를 만들어 냄으로써 새로운 내용과 개념에 대하여 무한히 많은 수의 메시지를 생산해 낼 수 있음을 말한다. 즉, 수화는 상당한 개방적인 체계를 갖고 있다고 볼 수 있다.

한글 지문자(자음)

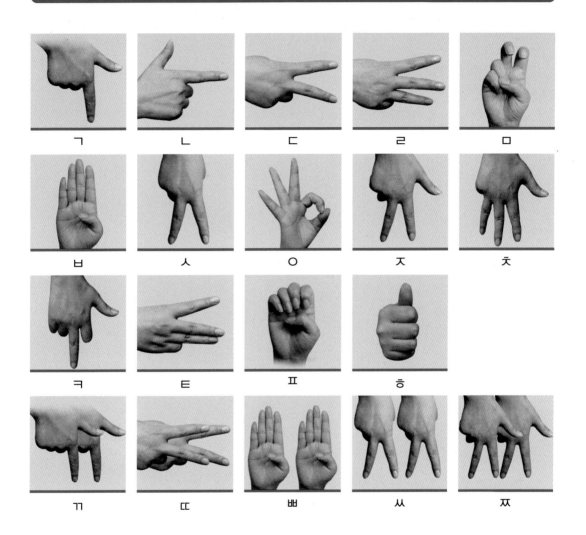

ㄱ	ㄴ	ㄷ	ㄹ	ㅁ
ㅂ	ㅅ	ㅇ	ㅈ	ㅊ
ㅋ	ㅌ	ㅍ	ㅎ	
ㄲ	ㄸ	ㅃ	ㅆ	ㅉ

한글 지문자(모음)

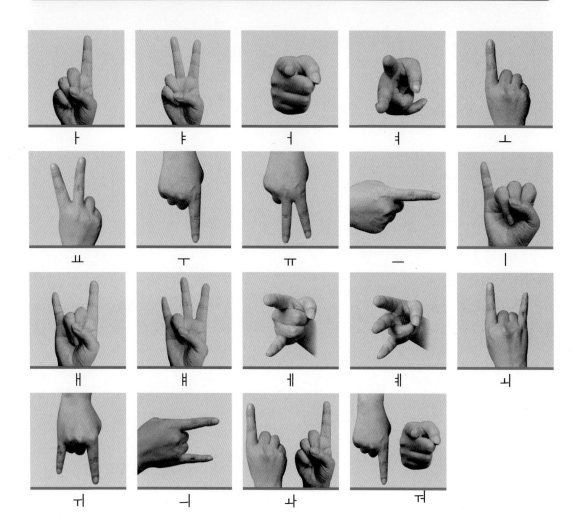

ㅏ   ㅑ   ㅓ   ㅕ   ㅗ

ㅛ   ㅜ   ㅠ   ㅡ   ㅣ

ㅐ   ㅒ   ㅔ   ㅖ   ㅚ

ㅟ   ㅢ   ㅘ   ㅝ

숫 자

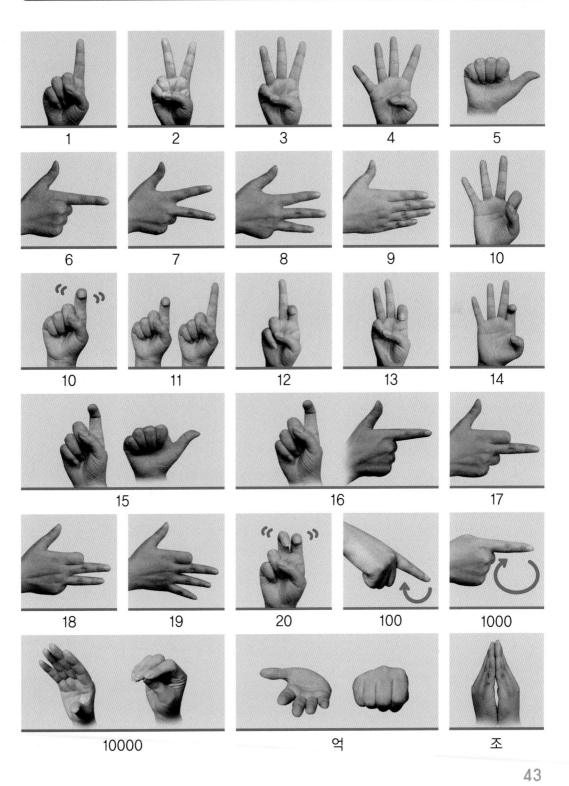

1	2	3	4	5
6	7	8	9	10
10	11	12	13	14
15	16		17	
18	19	20	100	1000

10000 억 조

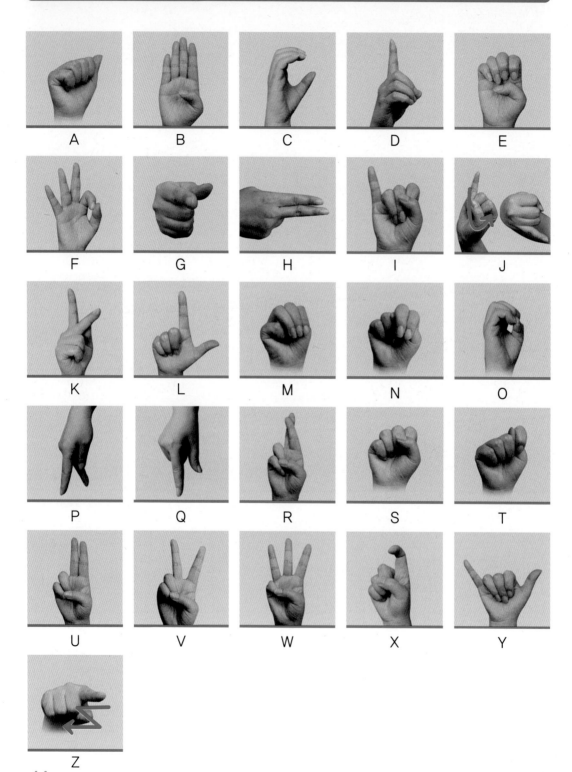

A   B   C   D   E
F   G   H   I   J
K   L   M   N   O
P   Q   R   S   T
U   V   W   X   Y
Z

제 2 부

한국수화 회화

제
/
1
/
장
/

인사하기

학습목표

1. 수화로 인사하고 이름을 말할 수 있다.
2. 평서문으로 말할 수 있다.

기본 문장

만나다+반갑다 ➡ 만나서 반갑습니다.

나+이름+강태영 ➡ 제 이름은 강태영입니다.

| 규 칙 |

▪ 자기소개는 '나'에서 눈썹을 올리고, '이름'에서 턱을 당긴다.
▪ 문장 말미에서는 고개를 약간 숙인다.

| 유의점 |

▪ 얼굴표정에 주의하며, 이름은 수화(수화 이름)로 나타내거나 지문자로 나타낸다.
  수화 입문기에는 공서(허공에 글자를 쓰는 것)로 이름을 나타낸다.

대 화

A: 안녕하세요? 만나서 반갑습니다.

B: 저도 반갑습니다.

A: 제 이름은 강태영입니다. 당신의 이름은 무엇입니까?

B: 저는 최다경입니다.

A: 웃는 얼굴이 참 예쁩니다.

B: 감사합니다.

A: 다음에 다시 뵙겠습니다.

B: 예, 다음에 또 뵙겠습니다. 안녕히 계세요.

A: 안녕하세요? 만나서 반갑습니다.

B: 저도 반갑습니다.

A: 제 이름은 강태영입니다. 당신의 이름은 무엇입니까?

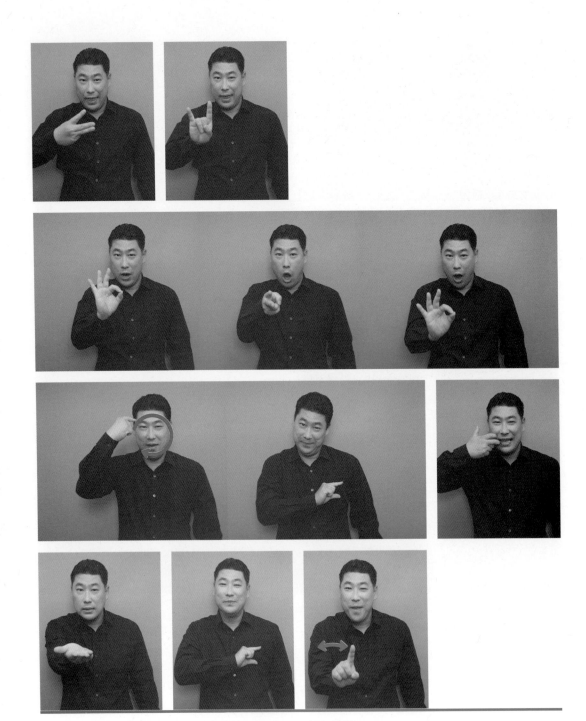

A: 제 이름은 강태영입니다. 당신의 이름은 무엇입니까?

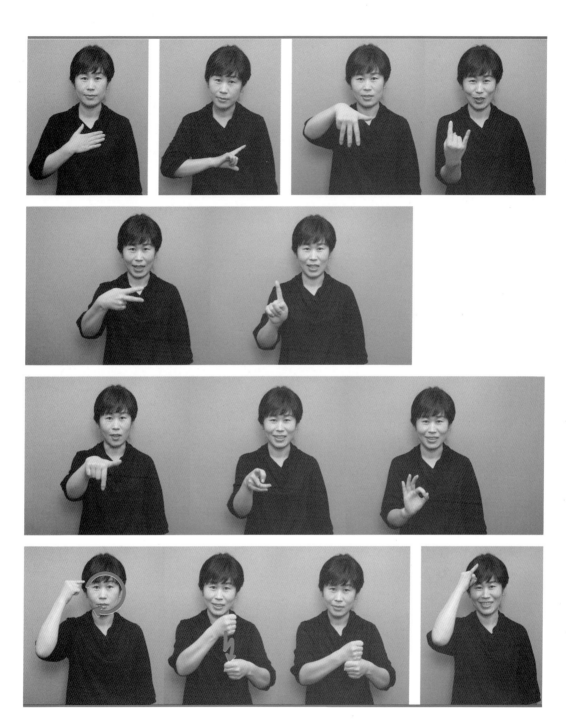

B: 저는 최다경입니다.

A: 웃는 얼굴이 참 예쁩니다.

B: 감사합니다.

A: 다음에 다시 뵙겠습니다.

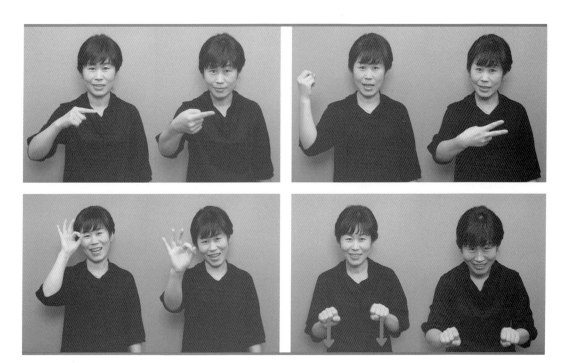

B: 예, 다음에 또 뵙겠습니다. 안녕히 계세요.

단 어

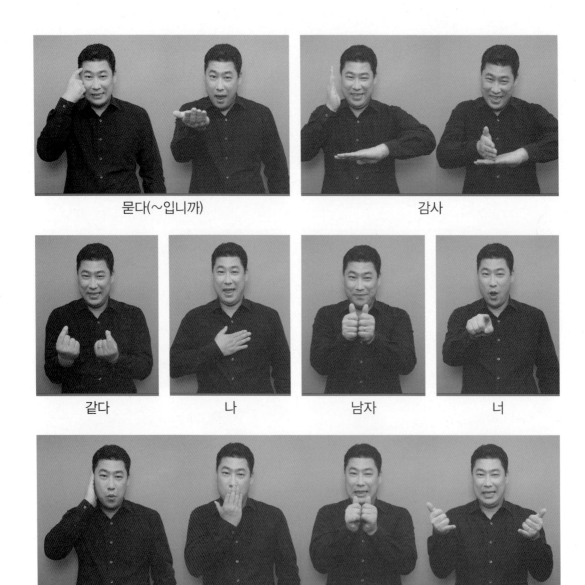

묻다(~입니까)   감사

같다   나   남자   너

농인

다시

다음에

당신

듣다

만나다

만들다

말하다

못생기다

무엇

반갑다

보다

사람

소개

슬프다

안녕하세요

얼굴

여자

예(맞다, 정말)

예쁘다

우리

| 울다 | 웃다 | 이름 | 잘하다 |

청인

헤어지다

모든 농인에게 이름은 두 개다

일반적으로 사람은 태어나면서 자신의 이름을 하나씩 가지게 되고, 그 이름을 평생 사용하며 살아간다. 그런데 모든 농인과 농인 사회에 입문한 사람은 두 개의 이름을 가진다. 하나는 태어날 때 부모 혹은 집안 어른들에 의해 부여된 언어로 된 이름이고, 또 다른 이름은 시각적으로 자신을 충분히 표현하고 알릴 수 있도록 창조해내는 수화 이름이다.

대다수 농인들은 본명보다 수화 이름을 더 잘 기억하고 널리 사용한다. 왜냐하면 글 보다는 수화가 더 익숙한 농인 문화 속에서 생활하는 사람들이 농인이기 때문이다. 그래서 농인들에게 수화 이름은 일반적이면서도 절대적으로 필요한 그들의 문화라고 할 수 있다. 다음 사례를 통해 우리는 수화 이름에 대한 농인의 문화를 좀더 이해할 수 있을 것이다.

한 농인이 게임방에서 처음 만난 어떤 남자와 3일간 함께 지내며 날치기에 가담했다. 경찰에 붙잡힌 그에게 경찰은 공범의 이름을 대라고 다그쳤다. 그러자 그 농인은 공범의 수화 이름을 댔고, 알아듣지 못한 경찰은 분명하게 이름 석 자를 대라고 했다. 초면이었던 공범의 수화 이름만 알고 있었던 농인은 계속해서 수화 이름만을 댔고, 농인의 이름이 수화 이름까지 2개라는 것을 모르는 경찰은 3일간이나 함께 있었던 사람의 이름을 어떻게 모르냐며, 공범을 감추기 위한 술수라고 의심하며 계속 다그쳤다.

제
/
2
/
장
/

생일 이야기

●
●
●

학습목표

1. 의문문을 말할 수 있다.
2. 질문에 답할 수 있다.

사다+곳+어디 ➡ 어디서 샀습니까?

생일+맞아 ➡ 생일입니까?

아니다 ➡ 아닙니다.

| 규 칙 |

■ 설명 의문문에서는 눈썹을 올리며 턱을 약간 내미는 동작과 함께 나타낸다.

■ 판정 의문문에서는 마지막 단어에서 눈썹을 약간 올리며 턱을 당긴다.

| 유의점 |

■ 설명 의문문(wh-의문문)은 대답을 필요로 하는 반면, 판정 의문문(yes/no 의문문)은 고개 끄
덕임(긍정)이나 고개 젓기(부정)등의 대답만으로도 충분하다.

■ 의문문에서 의문사는 문장의 말미에 위치한다.

■ 의문사 이외의 단어가 의문표지(문법적 표정)와 함께 나타날 수 있다.

■ 한국수화의 기본 의문사는, '무엇'(무슨, 어느, 어떤)과 '몇'(얼마)을 비롯하여 '누구', '왜',
'며칠' 등으로 이루어진다. 그 밖에 기본형을 활용한 파생형이 있다.

A: 그것이 무엇입니까?

B: 생일선물입니다.

A: 누구의 것입니까?

B: 제 친구에게 줄 겁니다.

A: 어디서 샀습니까?

B: 인터넷에서 샀습니다.

A: 인터넷에서 어떻게 삽니까?

B: 간단합니다. 제가 도와드릴까요?

A: 네, 좋습니다. 당신의 생일은 언제입니까?

B: 제 생일은 3월 27일입니다. 당신은 언제입니까?

A: 저는 지났습니다. 그런데 당신은 무슨 선물을 받고 싶습니까?

B: 왜요?

A: 제가 선물하고 싶습니다.

B: 아닙니다.

A: 그것이 무엇입니까?

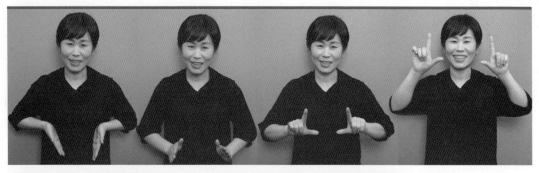

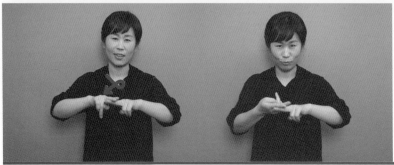

B: 생일선물입니다.

A: 누구의 것입니까?

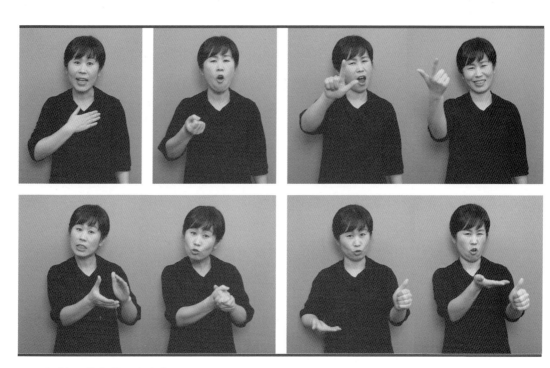

B: 제 친구에게 줄 겁니다.

A: 어디서 샀습니까?

B: 인터넷에서 샀습니다.

A: 인터넷에서 어떻게 삽니까?

B: 간단합니다. 제가 도와드릴까요?

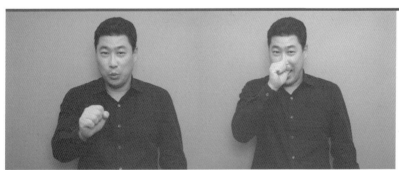

A: 네, 좋습니다. 당신의 생일은 언제입니까?

A: 네, 좋습니다. 당신의 생일은 **언제입니까?**

B: 제 생일은 3월 27일입니다. 당신은 언제입니까?

A: 저는 지났습니다. 그런데 당신은 무슨 선물을 받고 싶습니까?

B: 왜요?

A: 제가 선물하고 싶습니다.

B: 아닙니다.

단 어

~하고 싶다

가지다

간단하다

고향

그것

끝

낳다

누구

달

돕다

복잡하다

사다

생일선물

시작

싫다

아니다

어디서

어떻게

언제

왜

인터넷

과거

좋다   주다

축하

친구

팔다

부모와 자식을 잇는 사랑의 끈

농인 부부에게 예쁘고 사랑스런 아이가 태어났다. 듣지 못하는 부부는 행여 밤사이 아이에게 탈이 나도 듣지 못하고 자다가 위험한 일이라도 생기지 않을까 늘 염려하였다. 고민하던 부부는 밤마다 아이의 팔과 자신들의 팔을 연결하는 끈을 하나 묶어 놓았다. 아이의 울음소리를 듣지 못하는 부모는 아이가 버둥거리는 것을 몸으로 느끼며, 아이를 돌보기 위해 밤마다 깨어난다. 세상 누구와도 다르지 않은 부모의 마음을 그 사랑의 끈을 통해 느낄 수 있다.

취미 이야기

학습목표

1. 취미에 대해서 이야기할 수 있다.

2. 동사의 굴절에 대해 이해한다.

기본 문장

수영+가르치다+주다 ➡ 저에게 수영을 가르쳐 주세요.

수영+가르치다+주다 ➡ 제가 수영을 가르쳐 줄게요.

| 규 칙 |

■ 동사 '가르치다' 는 가르치는 쪽이 누구냐에 따라 방향이 바뀌어 형태가 변하며 의미가 달라진다. 동의를 구하는 문장은 판정 의문문에서와 같은 얼굴표정으로 마친다.

| 유의점 |

■ 사전(수화사전)에 실린 수화 단어는 경우에 따라서 형태가 변할 수 있다.
■ 동사 '가르치다', '돕다' 등은 능동자와 수동자에 따라서 단어의 형태와 의미가 달라진다. 이와 같이 한국수화 속에는 방향이 바뀌어 형태가 달라지는 동사(굴절동사)가 적지 않다. 동사의 굴절은 주체에 따라 자연적으로 방향이 결정된다.

대 화

A: 당신의 취미는 무엇입니까?

B: 저는 운동을 좋아합니다.

A: 저는 운동은 싫어하고 컴퓨터 게임을 좋아합니다. 그런데 당신은 어떤 운동을 좋아하십니까?

B: 축구와 야구경기 구경하는 것을 좋아하고, 수영은 잘하는 편입니다.

A: 저도 수영을 배우고 싶은데 가르쳐 주세요.

B: 예, 가르쳐 줄게요.

A: 당신의 취미는 무엇입니까?

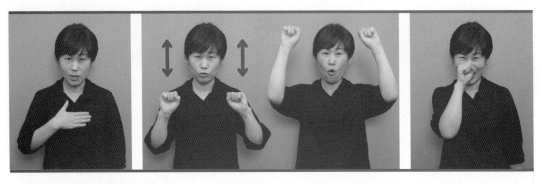

B: 저는 운동을 좋아합니다.

A: 저는 운동은 싫어하고 컴퓨터 게임을 좋아합니다. 그런데 당신은 어떤 운동을
좋아하십니까?

A: 저는 운동은 싫어하고 컴퓨터 게임을 좋아합니다. 그런데 당신은 어떤 운동을
좋아하십니까?

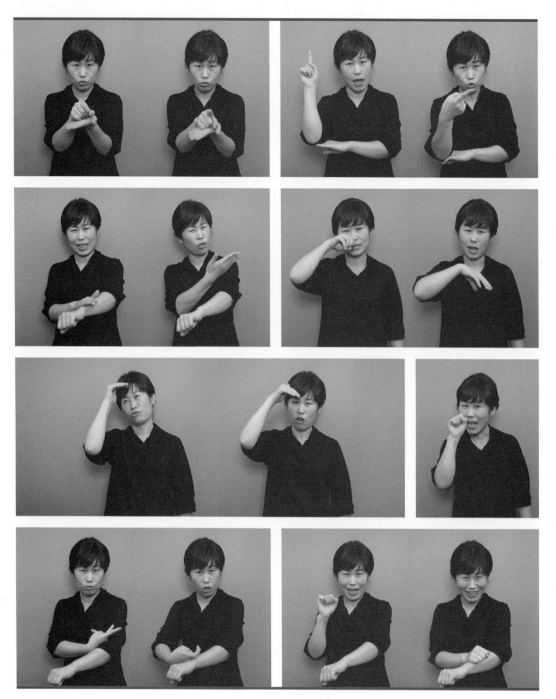

B: 축구와 야구경기 구경하는 것을 좋아하고, 수영은 잘하는 편입니다.

A: 저도 수영을 배우고 싶은데 가르쳐 주세요.

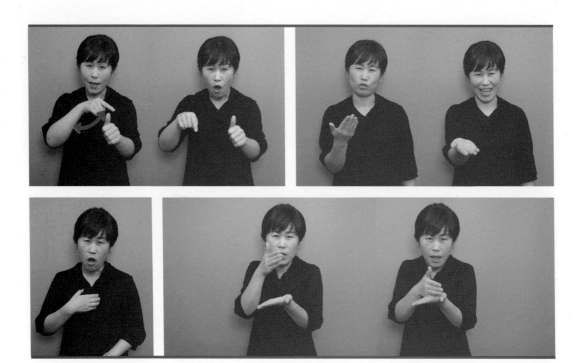

B: 예, 가르쳐 줄게요.

단 어

~하지 마

~해주세요

가르치다

걱정

경기

구경

그냥

그런데

낚시

노래

농구

독서

등산

바둑

배드민턴

배우다

별로

볼링

수영

스키

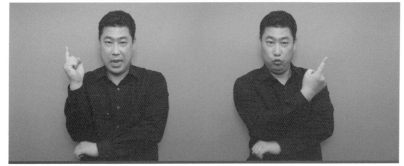

야구

연습

영화

운동

잘못하다

잘하다

중독

축구

취미

컴퓨터게임

탁구

태권도

농인도 노래방에서 놀아요!

농인들은 뭐하고 놀까? 농인들은 소리를 들을 수 없기 때문에 놀이문화가 없을 것이라는 사회적 고정관념을 가진 사람들이 대다수이다. 그러나 연령과 성별에 따라 놀이 문화의 차이를 갖는 것은 청인들과 별반 다르지 않다.

농인들도 친구들과 저녁을 먹고 노래방이나 클럽, 볼링장에서 기분 전환을 한다. 영화관도 즐겨 찾는데 한국영화보다는 자막이 있는 외국영화를 선호한다. 집에서 컴퓨터를 통해 여가를 즐기는 것은 젊은 농인들에게 큰 만족을 주기도 한다. 또한 농구, 축구, 볼링, 탁구 등 다양한 스포츠도 즐기는데, 그 중 축구가 가장 대중적이며 농구나 스노보드를 좋아하는 젊은이들도 있다.

대부분의 농인들이 청인과 함께 하기보다는 의사소통이 용이한 농인들 간의 교류를 좋아한다. 마치 외국에 살면서 같은 민족끼리 모여 삶의 즐거움을 나누는 것과 같다. 과거에는 구락부(휴게실)라는 곳에서 만나는 것이 주를 이뤘지만, 요즘은 여가활동공간이 다양하게 확대되어 삶의 질을 향상시켜주고 있다. 그러나 예나 지금이나 농인들이 '수다'를 가장 즐기는 것은 청인과 전혀 다를 바 없는 '문화' 이다

제
/
4
/
장
/

구경하기

학습목표

1. 가족과 동물에 대해 이야기할 수 있다.

2. 대명사를 활용하여 말할 수 있다.

기본 문장

이것+사진 ➡ 이 사진입니다.

이 분이+아버지+이 분 ➡ 이 분이 저의 아버지입니다.

| 규 칙 |

■ '나'를 비롯한 '당신', '그', '그녀' 등의 대명사는 일반적으로 문장 첫머리에 나타난다.

■ 특히 대명사를 강조할 때에는 문장의 첫머리에서뿐만 아니라 문장 말미에서도 다시 한 번 나타낸다. 이것을 대명사 반복이라 하는데, 대명사 반복으로 인칭을 확인한다.

| 유의점 |

■ 대명사 반복과는 달리 어떤 상황이나 대상을 확인하는 지시도 있다.

■ 대명사를 처음과 마지막에 반복 사용해 그 의미를 강조하는 반복 표현에 유의한다.

A: 어제 어린이날 무엇을 하셨습니까?

B: 가족들과 동물원에 다녀왔습니다. 이것이 동물원에서 찍은 사진입니다.

A: 이 분들은 누구입니까?

B: 저의 할머니와 어머니입니다.

A: 재미있었겠네요. 이 키 큰 분은 누구십니까?

B: 저희 아버지입니다. 미남이시죠?

A: 네. 통통한 이 아이는 누구입니까? 귀엽습니다.

B: 조카입니다. 그 조카가 동물 구경을 아주 즐거워했습니다.

A: 어떤 동물을 제일 좋아했습니까?

B: 코끼리를 좋아했습니다. 그 코끼리가 코로 과자 받아먹는 것을 신기해했습니다.

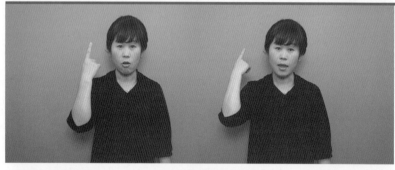

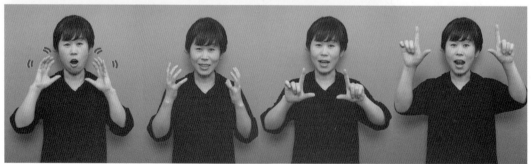

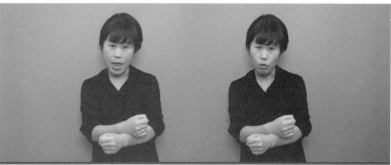

A: 어제 어린이날 무엇을 하셨습니까?

B: 가족들과 동물원에 다녀왔습니다. 이것이 동물원에서 찍은 사진입니다.

B: 가족들과 동물원에 다녀왔습니다. 이것이 동물원에서 찍은 사진입니다.

A: 이 분들은 누구입니까?

B: 저의 할머니와 어머니입니다.

A: 재미있었겠네요. 이 키 큰 분은 누구십니까?

B: 저희 아버지입니다. 미남이시죠?

A: 네. 통통한 이 아이는 누구입니까? 귀엽습니다.

A: 네. 통통한 이 아이는 누구입니까? **귀엽습니다.**

B: 조카입니다. 그 조카가 동물 구경을 매우 즐거워했습니다.

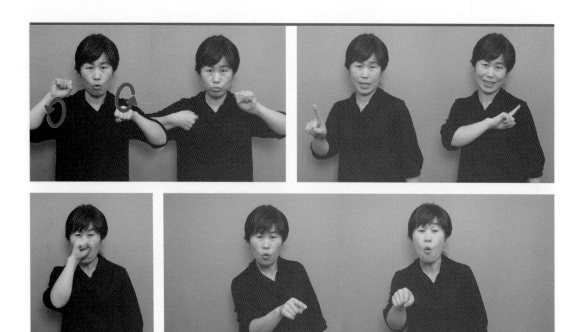

A: 어떤 동물을 제일 좋아했습니까?

B: 코끼리를 좋아했습니다. 그 코끼리가 코로 과자 받아먹는 것을 신기해했습니다.

단 어

(키) 작다

(키) 크다

장소(곳)

가다

가족

과자

귀엽다

내일

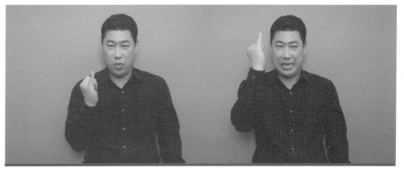
누나

동물원

딸

먹다

미남

미녀

사진

손녀

손자

신기하다

아들

아버지

아주(매우)

어린이날

어머니

어제

오늘

오다

제일

조카

찍다

코끼리

하다

할머니

할아버지

형

나 홀로 명절

대한민국이 들썩이는 즐거운 명절, 많은 농인들은 농아인협회에 남아 늦은 시간까지 돌아가지 않는다. 왜 그들인들 명절을 즐기고 싶지 않겠는가?

언제나 가족이 그립고, 핏줄을 만나면 반갑기는 누구나 마찬가지다. 하지만 그 기쁨도 잠시, 인사가 끝나기 무섭게 바로 의사소통에서 소외된다. 뉘집 딸이 시집을 가고, 뉘집 아들이 어떻게 되고…. 모두들 웃고 떠드는 이야기 속에 들어가고 싶지만, 그들은 농인에게 친절히 설명해 주지 못한다. 최근 급증하는 다문화 가정의 며느리처럼, 농인은 커뮤니케이션의 단절을 느끼며 함께 있지만 외로운 명절을 보내고 있는 것이다.

제
/
5
/
장
/

길 묻기

● ○
● ○
●

학습목표

1. 교통에 대해서 이야기할 수 있다.
2. '장소'의 위치와, 방향을 표현할 수 있다.

오른쪽 +'계단-오르다'+'2층-지시' ➡ 오른쪽 계단 2층에 있습니다.

|규칙|

■ 동사 '가다'는 가는 방향을 함께 나타낼 수 있다. 이때 '가다'는 수화 공간을 지리적으로 이용하게 된다.

|유의점|

■ 지리적인 정보와 관계있는 동사는 그것을 통제하는 조건(지형적 조건, 위치, 방향 등)과 함께 나타내므로, 이들 조건의 표현에 유의하여야 한다.

대 화

A: 실례합니다. 축구장에 가려면 몇 번 버스를 타야 합니까?

B: 저도 이곳이 처음이라 모르겠습니다. 저기 경찰서에 가서 물어보세요.

A: 예, 알겠습니다.

A: 실례합니다. 축구장에 가려면 어떻게 해야 합니까?

C: 여기서는 축구장으로 가는 버스는 없고, 지하철을 타야 합니다.

A: 축구장은 여기서 멉니까?

C: 아닙니다. 밖으로 나가 오른쪽으로 100m쯤 가면 은행이 있습니다.
   은행 앞에서 건널목을 건너 왼쪽 방향으로 가면 지하철역이 있습니다.
   2호선을 타면 금방 갈 수 있을 겁니다.

A: 감사합니다. 그런데 근처에 화장실이 있습니까?

C: 오른쪽에 있는 계단을 이용해 2층으로 가세요.

A: **실례합니다. 축구장에** 가려면 몇 번 버스를 타야 합니까?

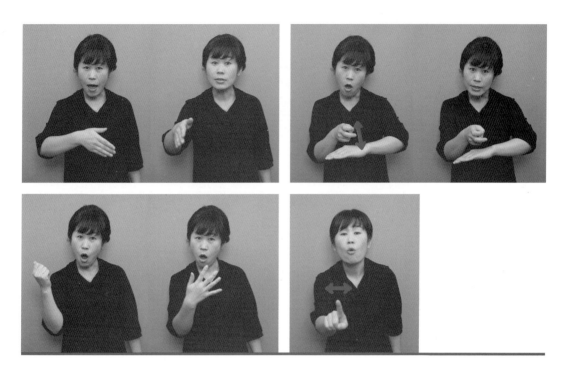

A: 실례합니다. 축구장에 **가려면** 몇 번 버스를 타야 합니까?

B: 저도 이곳이 **처음이라** 모르겠습니다. 저기 경찰서에 가서 물어보세요.

B: 저도 이곳이 처음이라 **모르겠습니다.** 저기 경찰서에 가서 물어보세요.

A: 예, 알겠습니다.

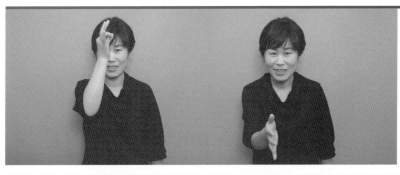

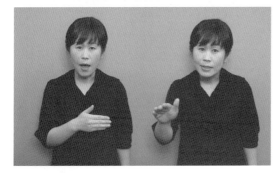

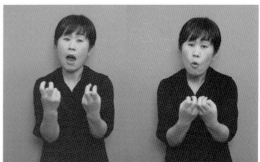

A: 실례합니다. 축구장에 가려면 어떻게 해야 합니까?

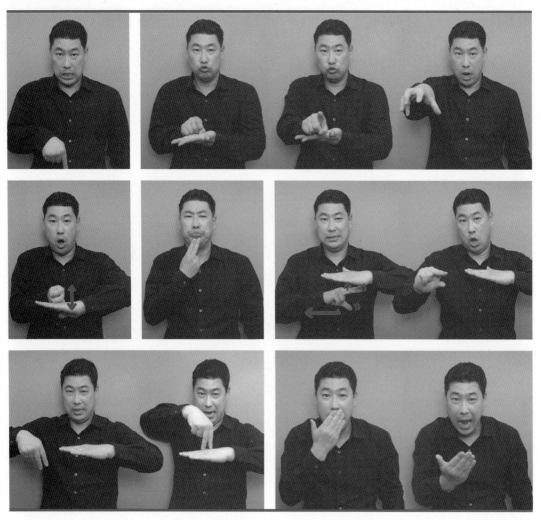

C: 여기서는 축구장으로 가는 버스는 없고, 지하철을 타야합니다.

A: 축구장은 여기서 멉니까?

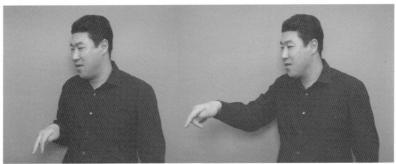

C: 아닙니다. 밖으로 나가 오른쪽으로 100m쯤 가면 은행이 있습니다. 은행 앞에서 건널목을 건너 왼쪽 방향으로 가면 지하철역이 있습니다. 2호선을 타면 금방 갈 수 있을 겁니다.

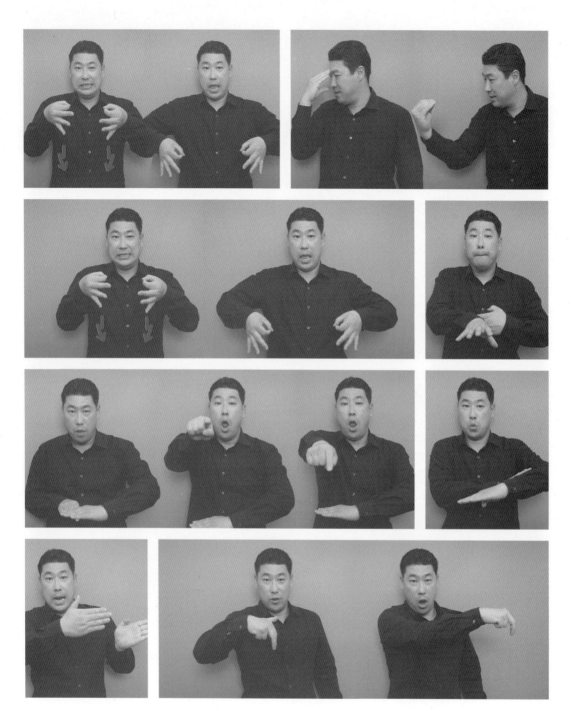

C: 아닙니다. 밖으로 나가 오른쪽으로 100m쯤 은행이 있습니다. 은행 앞에서 건널목을 건너 왼쪽 방향으로 가면 지하철역이 있습니다. 2호선을 타면 금방 갈 수 있을 겁니다.

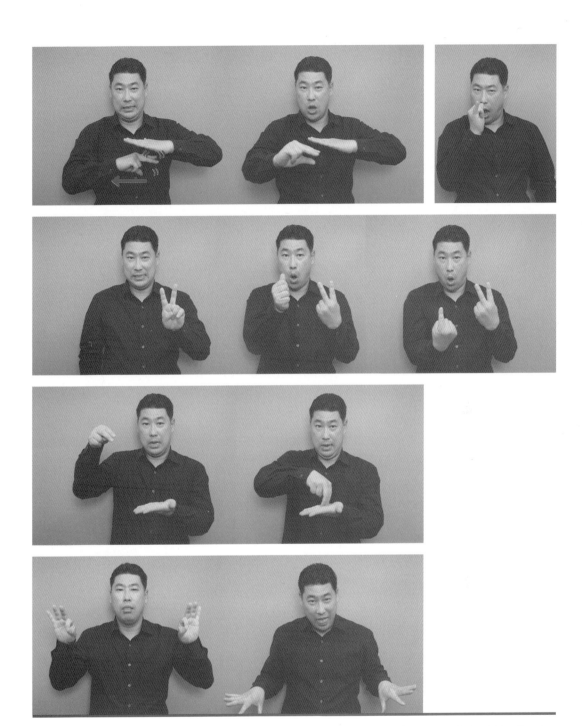

C: 아닙니다. 밖으로 나가 오른쪽으로 100m쯤 은행이 있습니다. 은행 앞에서 건널목을 건너 **왼쪽 방향으로 가면 지하철역이 있습니다. 2호선을 타면 금방 갈 수 있을 겁니다.**

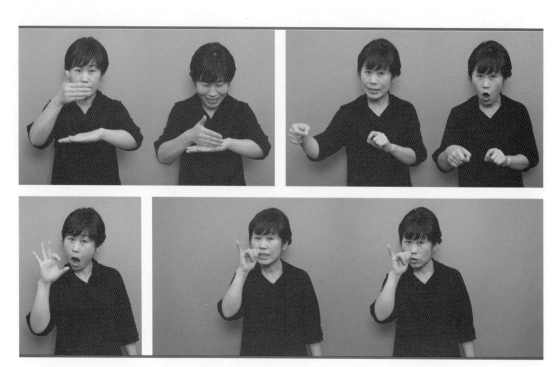

A: 감사합니다. 그런데 근처에 화장실이 있습니까?

C: 오른쪽에 있는 계단을 이용해 2층으로 가세요.

단 어

~할 수 있다   가깝다   건너다

걷다

경찰서

계단

잠깐

기차

길

내리다

들어가다

뛰다

만약에

멀다	모르다	바꾸다
밖	버스	번호
실례합니다	안	알다

없다

엘리베이터

오른쪽

오토바이

왼쪽

은행

있다

자동차

자전거

지하철

지하철역

처음

축구장

타다

택시 화장실

나는 종점에 자주 간다

나는 집이 종점이었으면 하는 간절한 꿈이 있다. 지금 내가 가고 있는 종점은 가야
할 종점이 아니라 갈 수밖에 없는 종점이다.

볼일을 마치고 서울에서 기차를 탄다. 피곤했지만 잠이 들면 목적지에서 눈을 뜨
지 못할까 봐 졸린 눈을 부릅뜨고 천안까지 꾹 참는다. 그러나 결국 피곤함을 이기
지 못하고 잠이 들어 역을 놓치고 만다. 누군가 어깨를 툭툭 치기에 놀라 깨어보니
종점이란다. 나는 몇 시간을 기다려 새벽 기차를 타고 다시 집으로 향한다. 그 새벽
나는 두 눈을 부릅뜨고 창밖을 쳐다보든지, 매 정거장을 지날 때마다 손가락 숫자를
세며 대전역을 기다린다.

불과 몇 년 전만 해도 늘 반복되던 나의 일상이었다. 하지만 이젠 달라졌다. 기특한
핸드폰 덕분에 하차시간을 예약해 두고 잠시나마 꿀 같은 잠을 청할 수 있게 된 것이다.

제
/
6
/
장
/

약속하기

● ● ●

학습목표

1. 요일에 대해서 이야기할 수 있다.

2. 시제에 대해 이해하고 활용할 수 있다.

어제＋뭐＋하다 ➡ 어제 무엇을 했습니까?

지금＋뭐＋하다 ➡ 지금 무엇을 합니까?

| 규 칙 |

■ 동사 '하다'의 시제는 시간 지시어('어제', '오늘', '내일, '지금'과 같이 시간을 가리키는 지시
  어)를 나타내는 단어(어제)에 따라 결정된다.

| 유의점 |

■ 시제, 시간은 문장의 처음이나 주어 바로 다음에 시간부사를 사용하여 나타낸다.
■ 한국수화는 시간축(time line), 시간 지시어(또는 시간 부사), 시간 지시동작(길거나 짧음을 나타
  내는 동작: 비수지 동작)에 유의해야 한다.

A: 어제 무엇을 했습니까?

B: 일요일이라 영화를 봤습니다.

A: 지금은 무엇을 합니까?

B: 공부하고 있습니다.

A: 공부 그만하고 영화 보러갑시다. 오늘이 내 생일입니다.

B: 축하합니다! 그런데 다음 주 수요일 오전에 시험이 있어서 공부해야 합니다.

A: 그럼 다음 주 토요일에 함께 영화보러 갈까요?

B: 좋습니다. 시험 끝나고 갑시다.

A: 어제 무엇을 했습니까?

B: **일요일이라** 영화를 봤습니다.

B: 일요일이라 영화를 봤습니다.

A: 지금은 무엇을 합니까?

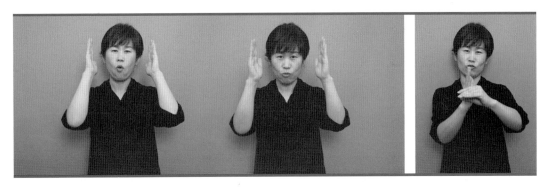

B: 공부하고 있습니다.

A: 공부 그만하고 영화 보러갑시다. 오늘이 내 생일입니다.

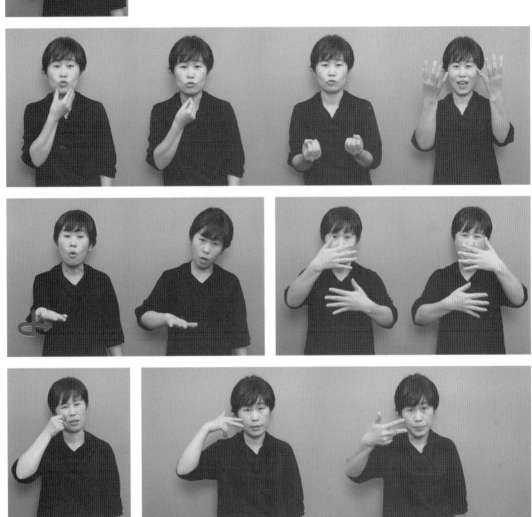

B: 축하합니다! 그런데 다음 주 수요일 오전에 시험이 있어서 공부해야합니다.

B: 축하합니다! 그런데 다음 주 수요일 오전에 시험이 있어서 공부해야 합니다.

A: 그럼 다음 주 토요일에 함께 영화보러 갈까요?

B: 좋습니다. 시험 끝나고 갑시다.

단 어

~중 공부 금요일

날 낮

내년 다음 주

매일

매주

목요일

못하다

밤

수요일

시험

아침

약속

열심히

오전

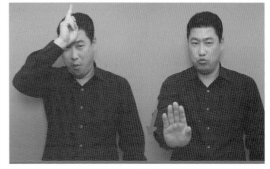

오후

올해

월요일

일 년

일요일

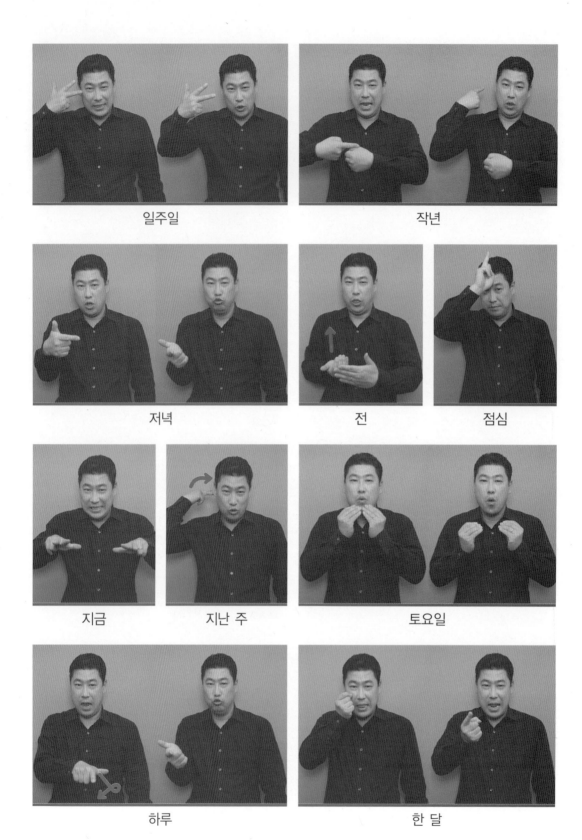

일주일   작년

저녁   전   점심

지금   지난 주   토요일

하루   한 달

함께

화요일

후

열쇠를 사수하라

농인과 살고 있는 청인들은 집 밖을 나설 때 늘 집 열쇠를 챙긴다. 농인 가족에게 있어 열쇠는 지갑보다 더 먼저 챙겨야 하는 중요한 물건이다. 농인 가족은 잠깐 쓰레기를 버리러 가거나, 손님 배웅을 하기 위해 잠시 나갈 때에도 열쇠를 꼭 가지고 다녀야 한다. 벨소리나 문 두드리는 소리를 듣지 못하기 때문에, 열쇠를 챙기지 못하고 나갔을 경우 낭패를 보기 쉽다. 혹시 살이 에일 듯이 추운 겨울에 열쇠를 잊고 가

는 실수를 한다면 아마 꽁꽁 언 동태꼴이 될지도 모른다.

　때로는 열쇠를 들고 나가도 농인 가족만 집에 남아 있으면서 꼼꼼하게 안전걸이를 걸어두어 문을 열 수 없을 때가 있다. 그럴 때에는 안에 있는 가족이 우연히 발견해주거나 영특한 강아지가 구해주기를 바라야 한다.

계절 이야기

기본 문장

'꽃–피다' + 예쁘다 ➡ 예쁜 꽃이 피다.

'비–내리다' + 시원하다 ➡ 비가 시원하게 쏟아지다.

| 규 칙 |

■ 한국수화에서 형용사는 명사(꾸미고자 하는) 앞에 올 수도 있으나, 명사 뒤에 오는 것이 자연스럽다.
  예: 맛있는 사과 → 사과+맛있다
     아름다운 산 → 산+아름답다
     새 옷 → 옷+새롭다
■ 강조는 운동의 질적인 변화를 통해 나타낸다.

| 유의점 |

■ 명사와 그것을 꾸미고자 하는 형용사 사이의 관계와 형용사로 마무리되는 문장종결 형식에 유
  의한다.

대 화

A: 당신은 어느 계절을 좋아합니까?

B: 저는 예쁜 꽃이 피는 봄을 좋아합니다.

A: 그래요? 저는 봄보다는 여름을 좋아합니다. 시원하게 쏟아지는 빗줄기가 좋습니다.
   또 바다에서 신나게 수영을 할 수도 있습니다.

B: 저는 여름보다는 봄과 가을을 더 좋아합니다. 가을 산은 참 멋집니다.

A: 그렇군요. 저는 여름 다음으로 겨울을 좋아합니다.
   추운 건 싫지만, 눈은 정말 좋아합니다.
   눈이 오면 눈사람을 만들 수 있고 보드도 탈 수 있습니다.

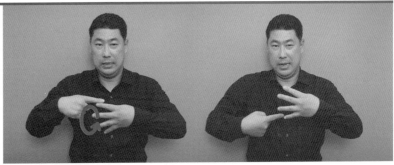

A: 당신은 어느 계절을 좋아합니까?

B: 저는 예쁜 꽃이 피는 봄을 좋아합니다.

A: 그래요? 저는 봄보다는 여름을 좋아합니다. 시원하게 쏟아지는 빗줄기가 좋습니다. 또 바다에서 신나게 수영을 할 수도 있습니다.

A: 그래요? 저는 봄보다는 **여름**을 좋아합니다. 시원하게 쏟아지는 빗줄기가 좋습니다.
또 바다에서 신나게 수영을 할 수도 있습니다.

A: 그래요? 저는 봄보다는 여름을 좋아합니다. 빗줄기가 좋습니다. 또 **바다에서 신나게** 수영을 할 수도 있습니다.

B: 저는 **여름**보다는 봄과 가을을 더 좋아합니다. 가을 산은 참 멋집니다.

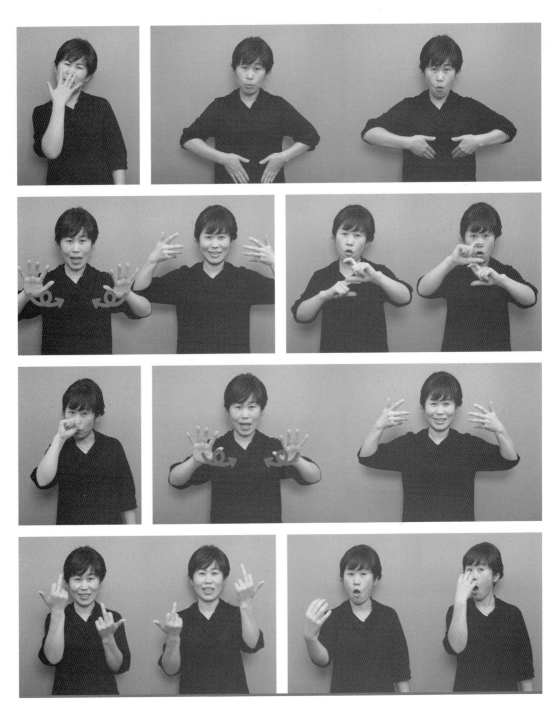

B: 저는 여름보다는 봄과 가을을 더 좋아합니다. 가을 산은 참 멋집니다.

제7과 계절 이야기 **157**

A: 그렇군요. 저는 여름 다음으로 겨울을 좋아합니다. 추운 건 싫지만, 눈은 정말 좋아합니다. 눈이 오면 눈사람을 만들 수 있고 보드도 탈 수 있습니다.

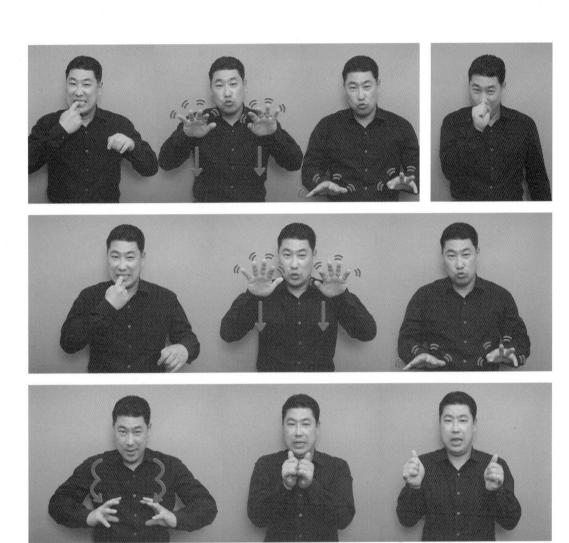

A: 그렇군요. 저는 여름 다음으로 겨울을 좋아합니다. 추운 건 싫지만, 눈은 정말 좋아합니다. 눈이 오면 눈사람을 만들 수 있고 보드도 탈 수 있습니다.

A: 그렇군요. 저는 여름 다음으로 겨울을 좋아합니다. 추운 건 싫지만, 눈은 정말 좋아합니다. 눈이 오면 눈사람을 만들 수 있고 **보드도 탈 수 있습니다.**

단 어

~보다

가을

강

겨울

계절

구름

그립다

깨끗하다

꽃

나무

날씨

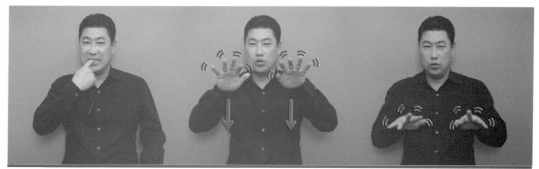

눈

더럽다

더하다

땅

뜨겁다

멋지다

물

바다

별

봄

불

비

산

시원하다

신나다

여름

자연   차갑다

추억

하늘

여름밤의 천둥소리!

두근두근…수화를 배운 지 얼마 안 되는 나는 농인들이 참여하는 2박 3일 캠프에 자원봉사로 참가하게 되었다. 조용할 거라 예상했던 캠프는 버스 안에서나 캠프장에서나 농인들이 분주히 떠드는(?) 모습에 내 눈은 쉴 새 없이 돌아갔다.

여름 캠프의 백미인 물놀이 땐 물을 등지고 후다닥 도망치는 농인들 때문에 황당하기도 했는데, 알고 보니 저마다 보청기 숨기는 일이 먼저였던 것이다. 몇 발작 앞선 농인을 불렀으나 무심히 뛰어가는 그들을 따라 전력질주를 하고, 대화 하느라 수저조차 들 수 없어 다 말라버린 밥을 먹기도 했다. 숙소의 불이 꺼지는 순간, 청인들

처럼 어두운 방에 누워 잠들기 전까지 계속 수다를 떨 수 없었던 일 등 내겐 너무 낯선 경험들이었다.

무엇보다도 나와 다르다는 것을 절절히 느꼈던 일이 있었다.

하필 밤에 날씨가 좋지 않아 밤새도록 천둥 벼락이 치는 바람에 나는 한숨도 자지를 못했다. 벌게진 눈으로 아침에 농인을 만났는데, 그가 날 바라보며 걱정스레하는 말이, "어제까지 멀쩡하더니, 눈병난 거야?" 한다. 벼락이 치건 말건 상관없이 편안한 잠을 청했던 그들이 너무나 부러운 아침이었다.

수화나 농 문화에 어설펐던 내게 농인들과의 캠프는 마치 외국에 온 것 같이 새롭고, 낯설지만 신나는 경험이었다.

제
/
8
/
장
/

학교 이야기

●
●
●

학습목표

1. 학교에 대해서 이야기할 수 있다.
2. 시간을 표현할 수 있다.

오늘+공부+몇 시+있다 ➡ 오늘 수업이 몇 시에 있습니까?

오후＋3시~5시＋2시간 동안 ➡ 오후 3시부터 5시까지 2시간 동안 있습니다.

| 규 칙 |

■ 시각은 단위(~시)를 숫자 앞에 나타내어 표시하기도 하지만, 시간 지시어(아침, 오후, 밤 등)에 따라 나타낼 때에는 단위를 생략하는 것이 일반적이다.

■ '이틀' , '두 달' , '2시간' 등은 수사포합(숫자와 단위의 포합)으로 이루어진다.

| 유의점 |

■ 한국수화에서 수량과 순서 등을 나타내는 수사 중에는 숫자와 단위가 포함되어 나타나는 특징(수사포합)을 가진 것들이 있는데, 이와 같은 특징에 유의한다.

A: 어느 학교를 졸업했습니까?

B: 저는 서울 농학교를 졸업했습니다.

A: 아! 제 농인친구도 그 학교를 졸업했습니다.

B: 그래요? 그 친구는 지금 어느 학교를 다니고 있습니까?

A: 한국대학교 수화통역학과를 다니고 있습니다. 그런데 오늘 수업이 몇 시에 있습니까?

B: 오전에는 없고, 오후 3시부터 5시까지 2시간 동안 영어 수업이 있습니다.

A: 그럼 수업 끝나고 같이 저녁 먹을까요?

B: 예. 5시 30분에 도서관 앞에서 만나요.

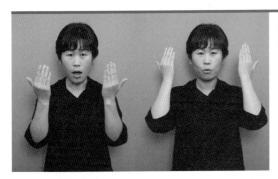
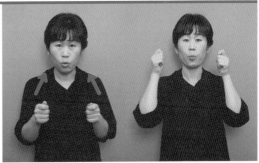

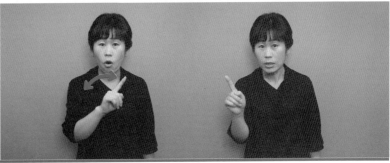

A: 어느 학교를 졸업했습니까?

B: 저는 서울 농학교를 졸업했습니다.

A: 아! 제 농인친구도 그 학교를 졸업했습니다.

B: 그래요? 그 친구는 지금 어느 학교를 다니고 있습니까?

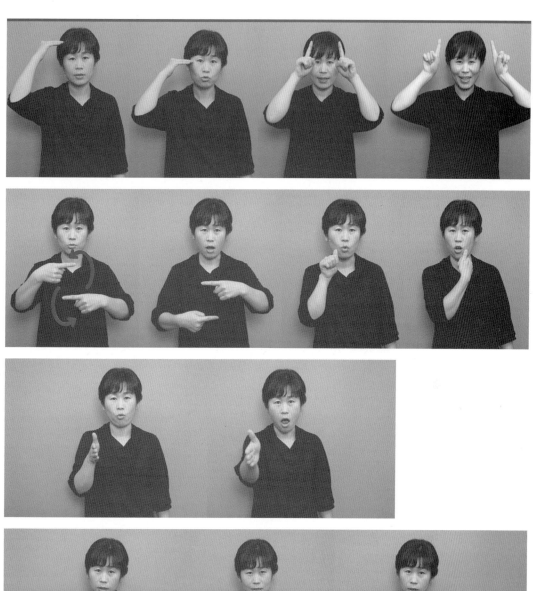

A: 한국대학교 수화통역학과를 다니고 있습니다. 오늘 수업이 몇 시에 있습니까?

A: 한국대학교 수화통역학과를 다니고 있습니다. 오늘 수업이 몇 시에 있습니까?

B: 오전에는 없고, 오후 3시부터 5시까지 2시간 동안 영어 수업이 있습니다.

B: 오전에는 없고, 오후 3시부터 5시까지 2시간 동안 영어 수업이 있습니다.

A: 그럼 수업 끝나고 같이 저녁 먹을까요?

B: 예. 5시 30분에 도서관 앞에서 만나요.

단 어

결석

고등학교

과제

국어

까지

다니다

대학교

대학원

도서관

동안

동창

몇 시　　　　　　　부터　　　　　　　서울

선배　　　　　　　선생님　　　　　　성적

수화통역학과

쉬다

쉽다

어렵다

영어

유치원

이야기

입학

전공

졸업

중학교

지각

초등학교

학교

학생

한국

후배

농인의 문장은 수화로 표현할 때 이해할 수 있다

농인은 듣는 기능이 손상되었기 때문에 언어의 기본이 되는 음성언어(말) 자극을 받아들이지 못한다. 따라서 언어능력의 발달에 큰 지장을 받게 되고 글 역시 수화식으로 표현하기 때문에, 그냥 글로 된 문장만 보아서는 이해하기 힘들 때가 많다.

농인을 부하직원으로 둔 한 청인 상사가 농인 직원으로부터 문자를 한 통 받고 어이없어 하고 있었다. 마침 회사에 찾아 온 수화통역사에게 문자를 보여주자 수화통역사는 문자를 보더니 태연하게 잘 쓴 문장이라고 했다. 내용은 충분히 알아볼 수 있다며.

"어제밤 아파 고생 많아 오늘 병원가 치료받시고 바로 출근합시오."

이 문장을 풀어보면, "어젯밤에 아파서 고생을 많이 했습니다. 오늘 병원에 가서 치료받고, 바로 출근하겠습니다"가 된다. 농인의 문장은 국어 문법을 기준으로 읽으면 이해가 어렵지만 수화로 표현해보면 충분히 이해할 수 있는 문장이 되는 것을 알 수 있다.

물건사기

학습목표

1. 경제에 대해서 이야기할 수 있다.

2. 감탄사를 표현할 수 있다.

기본 문장

와! + 잘됐다 ➡ 와! 잘됐네요.

와! + 예쁘다 ➡ 와! 이쁘네요.

어울리다 + 끝내주다 ➡ 잘 어울려요.

| 규 칙 |

■ 감탄사는 상황에 따라 특유의 동작 또는 수화로 이루어지며, 반드시 비수지 동작(표정 또는 동
  작)이 동시에 나타난다.

| 유의점 |

■ 상황에 어울리는 감탄사에 유의한다.

대 화

A: 옷 사러 가는데 같이 가겠습니까?

B: 그러죠. 유명백화점 30주년 기념 할인행사를 한답니다.

A: 와! 잘됐네요.

B: 와! 예쁘네요. 저 빨간 스커트 어떻습니까?

A: 70,000원? 예쁘기는 하지만 비싸서 안 되겠습니다.

B: 그럼 저 옆에 노란 원피스는 어떻습니까? 가격도 적당한데 한 번 입어보세요.

A: 예. 알겠습니다.

B: 잘 어울려요. 아주 좋습니다.

A: 정말요? 그러면 이 옷으로 사겠습니다. 마침 올해는 노란색이 유행이랍니다.

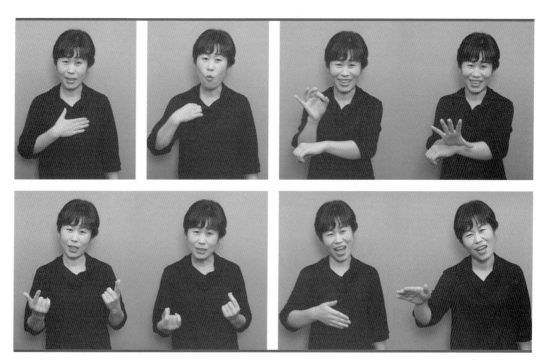

A: 옷 사러 가는데 같이 가겠습니까?

B: 그러죠. 유명백화점 30주년 기념 할인행사를 한답니다.

B: 그러죠. 유명백화점 30주년 기념 할인행사를 한답니다.

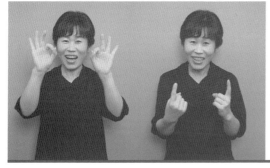

A: 와! 잘됐네요.

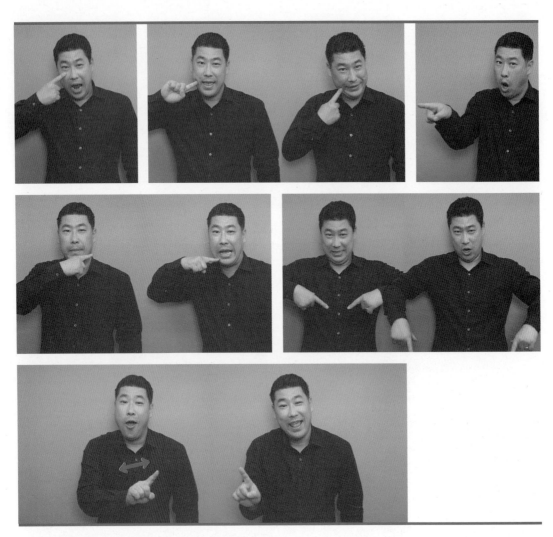

B: 와! 예쁘네요. 저 빨간 스커트 어떻습니까?

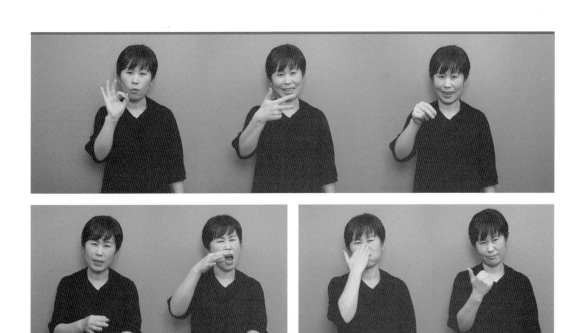

A: 70,000원? 예쁘기는 하지만 비싸서 안 되겠습니다.

B: 그럼 저 옆에 노란 원피스는 어떻습니까? 가격도 적당한데 한 번 입어보세요.

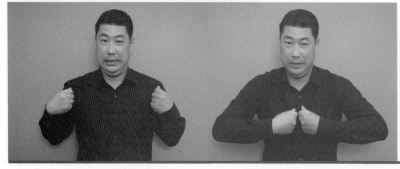 

B: 그럼 저 옆에 노란 원피스는 어떻습니까? 가격도 적당한데 한 번 입어보세요.

A: 예. 알겠습니다.

B: 잘 어울려요. 아주 좋습니다.

A: 정말요? 그러면 이 옷으로 사겠습니다. 마침 올해는 노란색이 유행이랍니다.

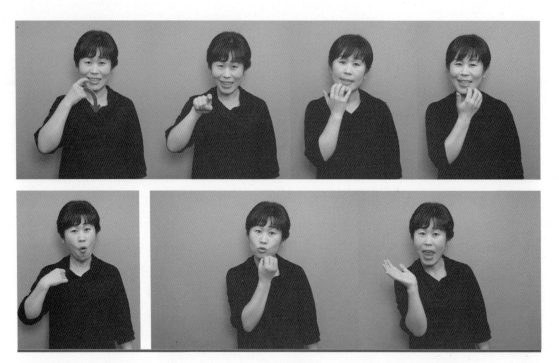

A: 정말요? 그러면 이 옷으로 사겠습니다. 마침 올해는 **노란색**이 유행이랍니다.

단 어

해보다

검정색

괜찮다

기간

기념

기다리다

낭비

노란색

놀라다

돈

마침

모양

백화점

보라색

분홍색

비싸다

빨간색

색

스커트

실망하다

싸다

안 되다

어울리다

얼마

요즘

원피스

유명

유행

입다

적당하다

종업원

주인

지루하다

초록색

파란색

할인

행사

회색(쥐)

흰색

지루한 기다림

1980년대 까지만 해도 농인들이 청인들을 부러워했던 것 중 하나가 전화를 맘대로 할 수 있다는 것이었다. 농인에게 있어 전화는 '그림의 떡'이었기 때문이다. 친구와의 약속을 위해 청인들은 간단히 전화 한 통화면 시간과 장소들을 정할 수도 있고 때론 만나지 않고도 전화로 해결할 수 있었다. 그러나 농인의 경우는 무조건 찾아가야 했다. 찾아가더라도 운이 좋아 만나면 다행이지만 부재시에는 헛걸음이 된다. 그러나 익숙한 일이기에 농인들은 불평하지 않았다.

이런 경우도 있다. 친구와 약속을 하고 약속장소에 갔는데 시간이 되어도 오지 않으면 농인들 대다수는 1~2시간을 기다린다. 그래도 오지 않으면 '무슨 일이 있어 오지 못하는가 보다' 생각하고 그제야 약속 장소를 떠난다.

급한 일이 있을 때에는 공중전화박스 근처에서 지나가는 행인들에게 전화번호와 내용을 적은 쪽지를 내보이며 부탁을 했다. "엄마, 오늘 집 늦어 미안(엄마, 오늘 집에 늦을 것 같아요. 죄송해요)."

그러다가 1990년대 무선 호출기(삐삐)가 출시되면서 농인사회에는 새로운 바람이 불었다. 친한 친구들끼리 암호 수첩을 만들어 약속장소 및 안부인사 등을 암호를 통해 전했기 때문이다. 물론 같은 암호집을 가진 사람끼리만 연락이 가능했고, 암호집 외의 하고픈 이야기는 못한다는 단점도 있었지만 삐삐는 농인들에게 급속도로 퍼져나갔다.

"35 10: 재순이야 지금 어디?"

"77 11: 홍명상가야. 넌 어디?"

지금 생각하면 그때가 그립기도 하다.

1997년 하반기 PCS폰이 나오면서 농인들의 꿈이 현실화되었다. 음성으로는 못하지만 문자로 통화가 가능했기 때문이다. 농인들은 문자를 잘 볼 수 있는 화면이 넓고 좋은 최신형 폰을 선호하였다.

　2000년 중반 이후 영상폰이 나오면서부터 드디어 농인들도 그림의 떡이었던 전화를 사용하게 되었다. 직접 얼굴을 보고 대화를 할 수 있게 된 것이다. 식당이나 거리에서 한 손에 핸드폰을 들고 한 손으로 수화를 하는 농인들을 이젠 흔히 볼 수 있게 되었다. 지루한 기다림은 이제 아득한 추억이 된 것이다

제
/
10
/
장
/

음식 이야기

● ● ●

학습목표

1. 나라와 음식에 대해서 이야기할 수 있다.

2. 부정문을 표현 할 수 있다.

기본 문장

먹다+아직 ➡ 아직 먹지 않았습니다.

먹다+못하다 ➡ 먹지 못합니다.

먹다+거절 ➡ 안 먹겠습니다.

| 규 칙 |

■ 부정어는 동사 뒤에서 부정의 의미를 표현한다.

| 유의점 |

■ 수화 특유의 부정어를 사용하는 것 말고도 부정을 나타내는 수화 단어와 함께 실현되는 여러 가지 부정법에 유의한다.

A: 점심식사 하셨습니까?

B: 아직 못 먹었습니다.

A: 2시가 넘었는데 아직도 못 먹었습니까? 배고프시죠?

B: 네. 바빠서 먹지 못했습니다. 당신은 식사하셨습니까?

A: 네. 미국에서 온 친구와 초밥을 먹었습니다.

B: 그렇군요. 전 회를 못 먹습니다. 같이 이탈리안 피자 드시겠습니까?

A: 죄송합니다. 전 요즘 피자 안 먹습니다.

B: 왜요?

A: 살이 쪄서 다이어트 중입니다.

B: 아, 그렇군요. 저도 살이 너무 쪄서 걱정입니다.

A: 날씬해지려면 운동을 해보세요.

B: 운동은 싫어하고 먹는 것만 좋아합니다.

A: 건강해지려면 소식을 하세요.

A: 점심식사 하셨습니까?

B: 아직 못 먹었습니다.

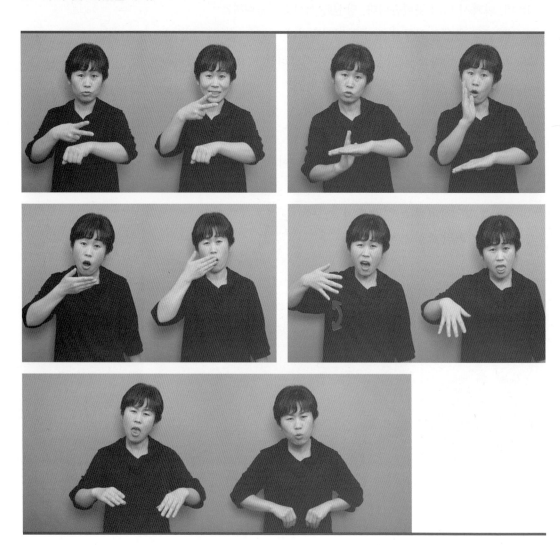

A: 2시가 넘었는데 아직도 못 먹었습니까? 배고프시죠?

B: 네. 바빠서 먹지 못했습니다. 당신은 식사하셨습니까?

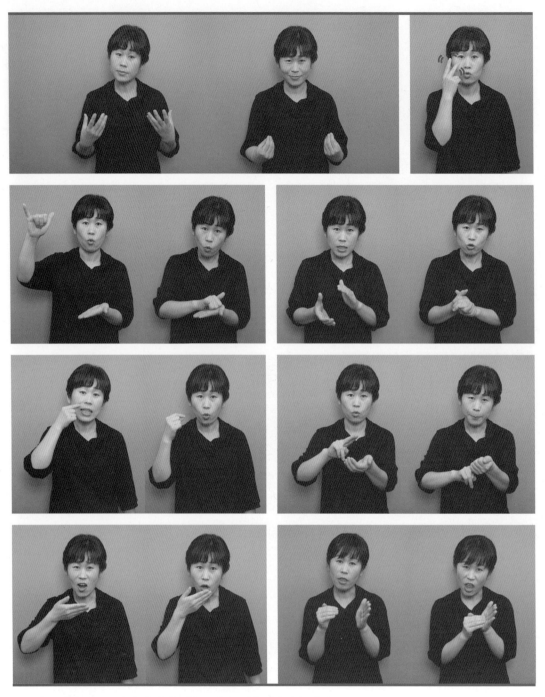

A: 네. 먹었어요. 미국에서 온 친구와 초밥을 먹었습니다.

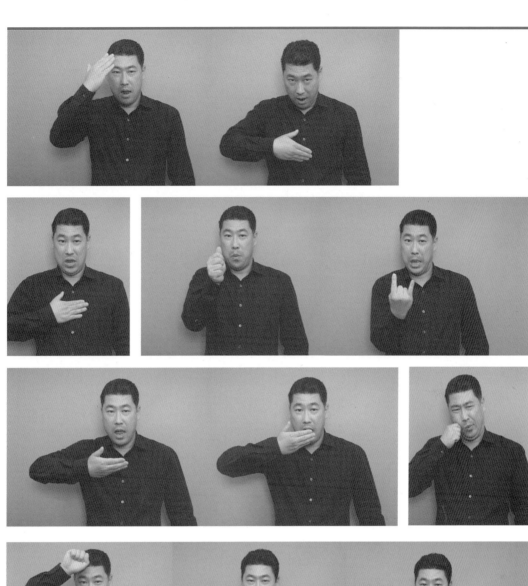

B: 그렇군요. 전 회를 못 먹습니다. 같이 이탈리안 피자 드시겠습니까?

B: 그렇군요. 전 회를 못 먹습니다. 같이 이탈리안 피자 드시겠습니까?

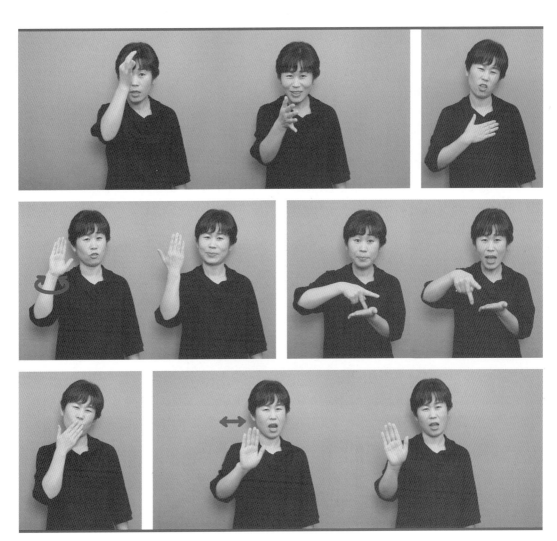

A: 죄송합니다. 전 요즘 피자 안 먹습니다.

B: 왜요?

A: 살이 쪄서 다이어트 중입니다.

B: 아, 그렇군요. 저도 살이 너무 쪄서 걱정입니다.

A: 날씬해지려면 운동을 해보세요.

B: 운동은 싫어하고 먹는 것만 좋아합니다.

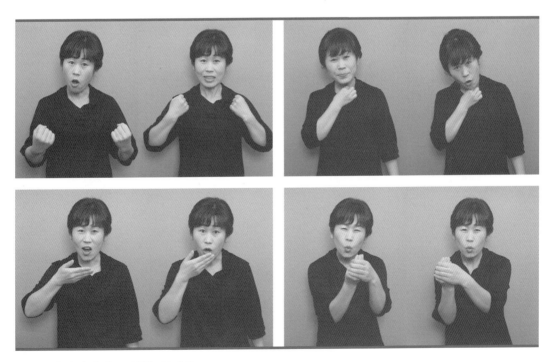

A: 건강해지려면 소식을 하세요.

단 어

건강

고민

국수

나라

날씬하다

매우(아주)

지나치다

독일

떡볶이

라면

미국

바쁘다

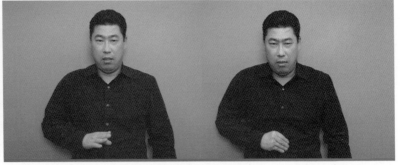

배 배고프다

배부르다

불고기

빵 사과

수박

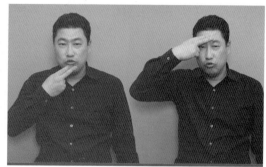

술

아직

영국

오직

외국

음식

이탈리아

일본

자장면

중국

초밥

캐나다

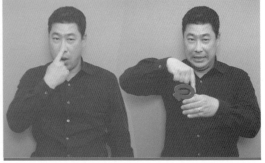

커피

프랑스

피자

집에서 주문해 먹는 야식

맞벌이를 하고 있는 농인 부부가 있었다. 남편은 퇴근 후 몹시 피곤해 하는 부인을 위해 음식을 시켜주고 싶었다. 그러나 가게 대부분이 유선 전화를 쓰고 있었기 때문에 전화하기가 어려웠다. 먹고 싶은 자장면이나 통닭, 피자 등을 전화로 주문할 수가 없어 매번 피곤한 몸을 이끌고 식당에 가야 했다.

그러나 최근 통신중계서비스센터에서 전화중계서비스를 시작하면서 이 농인 부부는 음식을 주문해 먹을 수 있게 되었다. 통신중계서비스는 컴퓨터 영상 및 문자, 핸드폰 문자, 영상전화기, 팩스 등 청각장애인이 사용하고 있는 통신수단을 이용해 중계센터에 전화 의뢰를 하면 회사, 음식점, A/S센터, 가족 등에게 대신 전화를 해 주는 서비스이다. 특히 경기도의 경우 청각·언어 장애인을 대상으로 24시간 서비스를 제공하고 있다.

제
/
11
/
장
/

여행하기

학습목표

1. 지명에 대해서 이야기할 수 있다.

2. 분류사를 이해하고 표현할 수 있다.

배+흔들리다 ➡ 배가 흔들리다.

차가 막히다+심하다 ➡ 차가 많이 막히다.

| 규 칙 |

■ '배'에서 처럼 대상의 형태를 나타내는 수형(분류사 수형)이 운동과 결합하면 여러 가지 의미의 문장(분류사 구문)을 구성할 수 있다.

| 유의점 |

■ 수화문(수화 표현)은 사전에 올라있는 단어 형태만으로 운용되는 것이 아니라는 점에 유의한다.

A: 이번 방학에 여행 계획 있습니까?

B: 가족들과 제주도에 다녀올 계획입니다.

A: 제주도에 간다니 부럽습니다. 배로 갑니까? 아니면 비행기로 갑니까?

B: 비행기로 갑니다. 제가 배멀미를 심하게 합니다.

A: 잘 하셨습니다. 전에 배를 탄 적이 있는데,

　날씨가 좋지 않아 배가 흔들리는 바람에 배멀미로 죽는 줄 알았습니다.

B: 그랬군요. 당신은 이번 방학에 무슨 계획이 있습니까?

A: 저는 자동차 여행을 할 계획입니다.

　서울-대전-대구-부산-강원도로 3박4일 전국일주를 계획하고 있습니다.

B: 와, 전국 방방곡곡을 차로 여행하다니 저보다 멋지네요.

　휴가철이라 차가 많이 막힐 텐데, 안전 운전하세요.

A: 이번 방학에 여행 계획 있습니까?

A: 이번 방학에 여행 계획 있습니까?

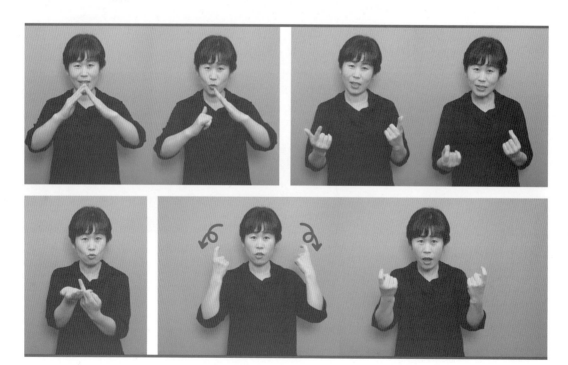

B: 가족들과 제주도에 다녀올 계획입니다.

A: 제주도에 간다니 부럽습니다. 배로 갑니까? 아니면 비행기로 갑니까?

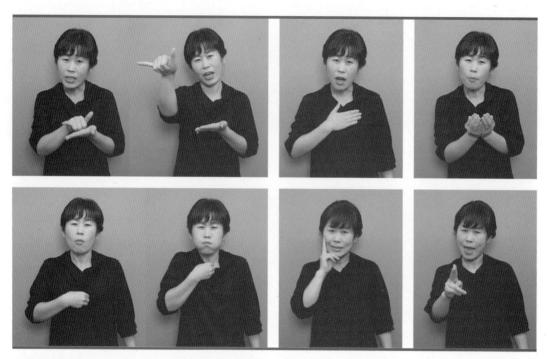

B: 비행기로 갑니다. 제가 배멀미를 심하게 합니다.

A: 잘 하셨습니다. 전에 배를 탄 적이 있는데, 날씨가 좋지 않아 배가 흔들리는 바람에 배멀미로 죽는 줄 알았습니다.

A: 잘 하셨습니다. 전에 배를 탄 적이 있는데, 날씨가 좋지 않아 배가 흔들리는 바람에
배멀미로 죽는 줄 알았습니다.

A: 잘 하셨습니다. 전에 배를 탄 적이 있는데, 날씨가 좋지 않아 배가 흔들리는 바람에
배멀미로 죽는 줄 알았습니다.

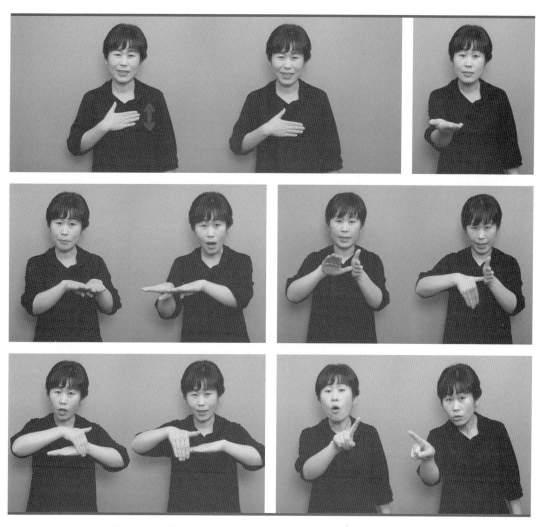

B: 그랬군요. 당신은 이번 방학에 무슨 계획이 있습니까?

A: 저는 자동차 여행을 할 계획입니다. 서울 - 대전 - 대구 - 부산 - 강원도로 3박4일
   전국일주를 계획하고 있습니다.

A: 저는 자동차 여행을 할 계획입니다. 서울-대전-대구-부산-강원도로 3박4일
   전국일주를 계획하고 있습니다.

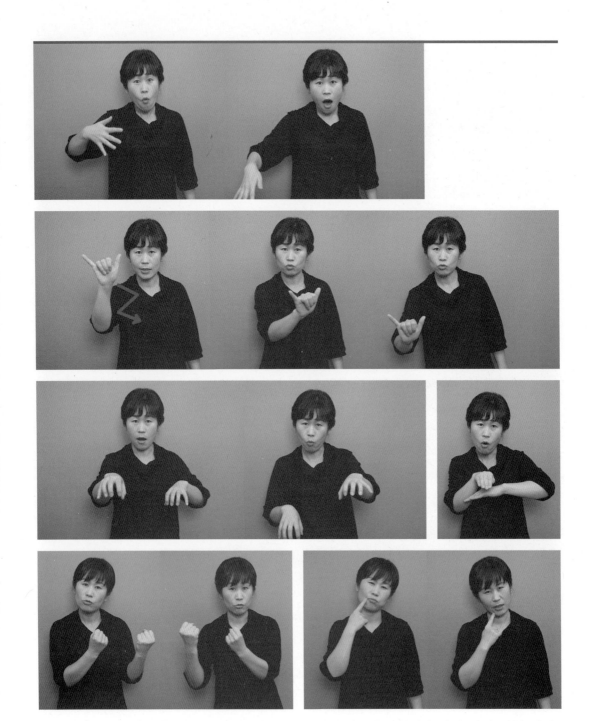

B: 와, 전국 방방곡곡을 차로 여행하다니 저보다 멋지네요. 휴가철이라 차가 많이 막힐 텐데, 안전 운전하세요.

B: 와, 전국 방방곡곡을 차로 여행하다니 저보다 멋지네요. 휴가철이라 차가 많이 막힐 텐데,
안전 운전하세요.

B: 와, 전국 방방곡곡을 차로 여행하다니 저보다 멋지네요. 휴가철이라 차가 많이 막힐 텐데, 안전 운전하세요.

단 어

~든지

~한 적 있다

~할 거다

경주

계획

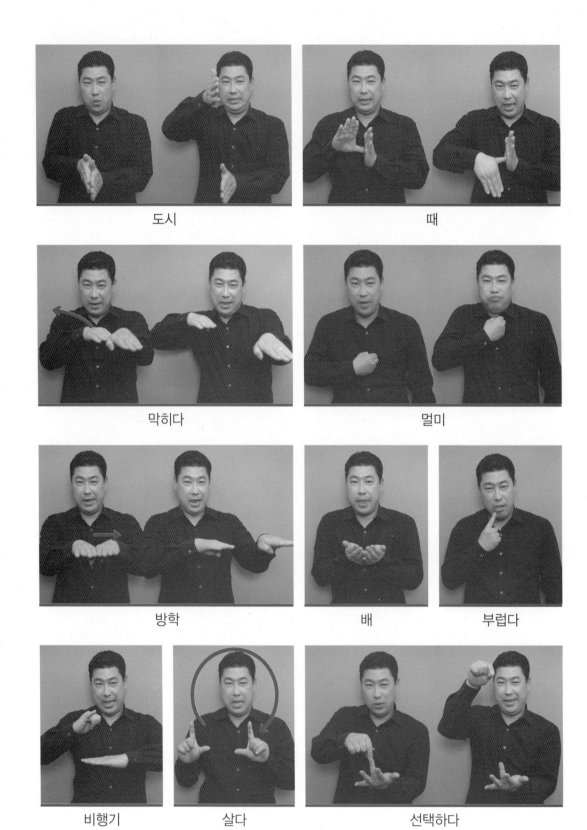

도시

때

막히다

멀미

방학

배

부럽다

비행기

살다

선택하다

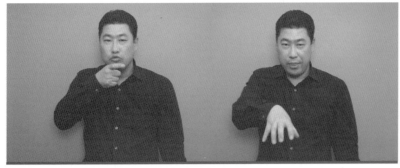 

수원　　　　　　　　　　　　　　　　　　시골

심하다　　　　　　　　　　　　　　　　안전

여행　　　　　　　　　　　　　　　　　운전

울릉도　　　　　　　　　　　　　　　　위험

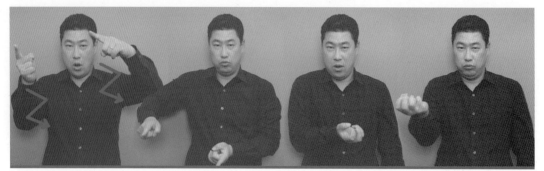

전국일주

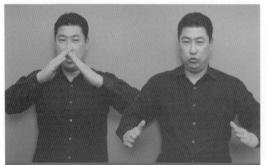

전주

제주도

조심

죽다

지방

천안

청주

춘천

~할 뻔하다

지 명

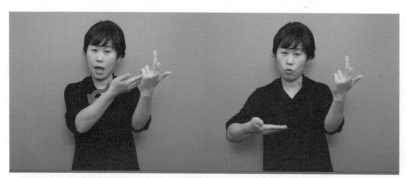

강원도

경기도

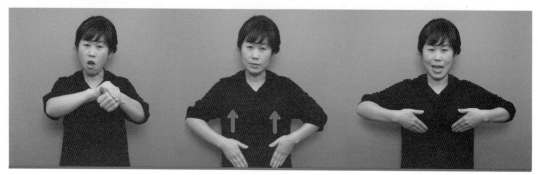

경상남도

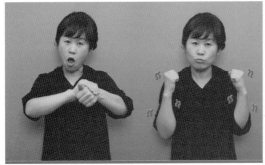

경상북도

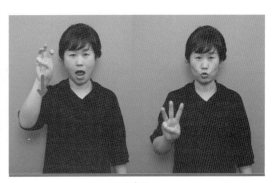

광주

대구

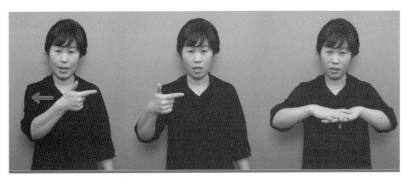

대전

부산

서울

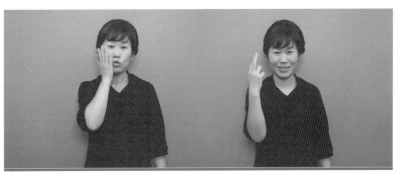

울산

인천

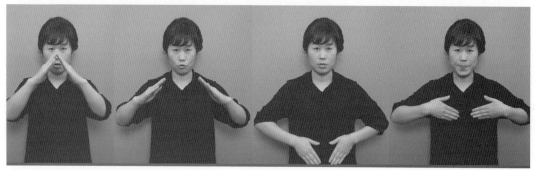

전라남도

전라북도

제주도

충청남도

충청북도

청인 남편과 농인 아내의 신혼여행

청인 남자와 농인 여자의 축복된 결혼식 후, 그들은 설레는 마음으로 신혼여행을 떠났다. 특별한 여행을 즐기기 위해 잘 알려지지 않은 외국의 작은 섬으로 떠난 그들. 이곳 저곳을 돌아보며 즐거운 시간을 보냈다. 한 번은 가이드 없이 개인적인 쇼핑을 할 수 있는 시간이 있었다. 쇼핑이라고 해봐야 뭐 근사한 것을 사는 것은 아니었지만 외국에서 현지인과 대화를 시도해 본다는 것이 정말 새롭고 재미있는 경험이었다. 마침 눈길을 끄는 가게에 들어가게 되었다. 서툰 영어였지만 남자는 영어로 대화를 시도했으나, 가게 주인은 알파벳조차 모르는 원주민이었다. 그때 나서는 아내, 손짓으로 몸짓으로 가격을 흥정했고, 만족한 가격으로 원하는 물건을 살 수 있었다. 때론 백 마디의 말보다 한 번의 몸짓이 더 나은 때가 있다는 것을 절감했던 신혼여행이었다.

병원가기

학습목표

1. 인체와 병원에 대해서 이야기할 수 있다.
2. 조건문을 이해하고 표현할 수 있다.

배+아프다 ➡ 배가 아프다.

배+아프다+병원+가다+당신 ➡ 그러면 병원에 가보세요.

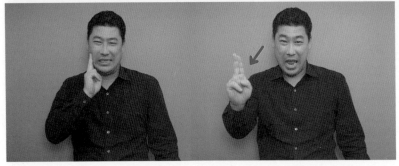

만약+열+심하다 ➡ 만약에 열이 심하면 (병원으로 오세요.)

| 규 칙 |

■ '아프다' 에서 눈썹을 올리며 턱을 끌어들이거나 '~면' 을 덧붙인다.

| 유의점 |

■ 조건절을 나타내는 데는 특정 단어 '만약' 을 사용하기도 하고, 비수지 동작으로 나타내는 방법
  등이 있음을 유의한다.

A: 배가 너무 아픕니다.

B: 배가 아프면 병원에 가서 의사 선생님께 진찰받아 보세요.

A: 주사 맞는 게 무서워서 가기 싫습니다.

B: 처방전만 받아서 약을 사 드세요.

A: 그래야겠습니다. 충고 감사합니다.

B: 얼른 완쾌하길 바랍니다.

A: 그런데 당신도 안색이 안 좋아 보입니다.

B: 이가 아픕니다. 충치가 있는 것 같아요.

A: 그러면 나중에 후회하지 말고 빨리 치과에 가보세요.

B: 알겠습니다.

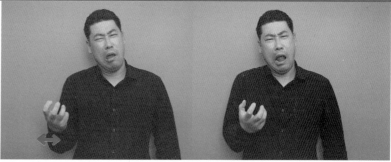

A: 배가 너무 아픕니다.

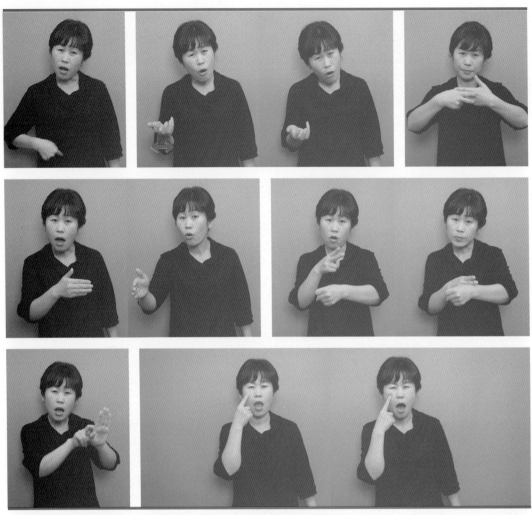

B: 배가 아프면 병원에 가서 의사 선생님께 진찰받아 보세요.

A: 주사 맞는 게 무서워서 가기 싫습니다.

A: 주사 맞는 게 무서워서 가기 싫습니다.

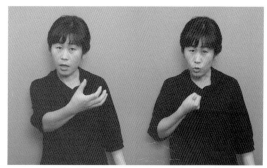
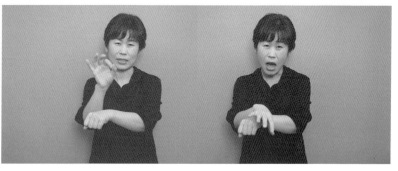
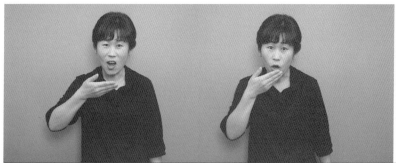

B: 처방전만 받아서 약을 사 드세요.

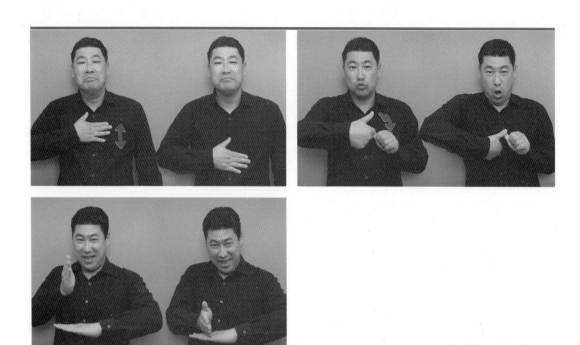

A: 그래야겠습니다. 충고 감사합니다.

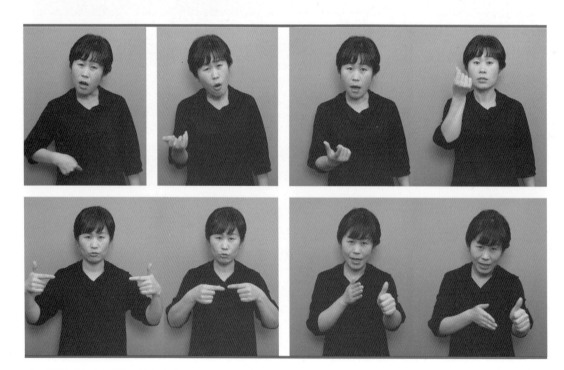

B: 얼른 완쾌하길 바랍니다.

A: 그런데 당신도 안색이 안 좋아 보입니다.

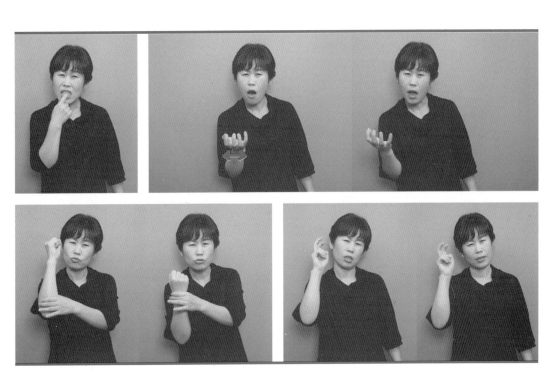

B: 이가 아픕니다. 충치가 있는 것 같아요.

A: 그러면 나중에 후회하지 말고 빨리 치과에 가보세요.

A: 그러면 나중에 후회하지 말고 빨리 치과에 가보세요.

B: 알겠습니다.

단 어

간호사

감기

검사

결과

고혈압

다치다

당뇨병

대변

몸

무섭다

병

병원

부탁

빨리

뼈

소변

소화불량

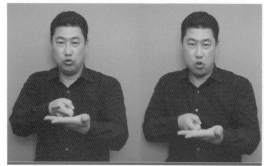

수술

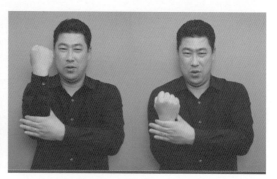

썩다

아프다

안색

약

열병

완쾌

의사

인상 쓰다

입원

주사

줄다

진찰

처방전

충고

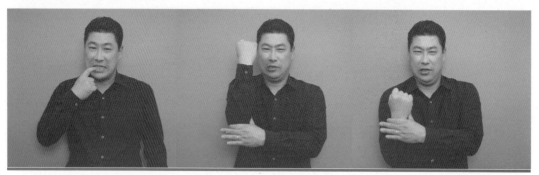

충치

치과

퇴원

피

환자

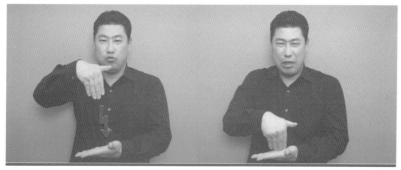

후회하다

약사 (의사) 선생님이 간단한 수화만 알았어도…

갑작스런 사고로 친구를 잃고 안타까운 마음에 두 달 넘게 매일 술을 마시던 농인이 있었다. 어느 날 아침 그는 기침을 하다가 피가 나와 병원을 찾았다. 진료 후 병명도 자세히 듣지 못하고 처방전을 받아 집 근처 약국으로 갔으나, 그곳에서 약사는 큰 곳에 가라는 몸짓을 되풀이했다. 농인은 이 몸짓을 보고 당신이 큰 병에 걸렸으니 큰 병원으로 가라는 얘긴가 보다 생각했고, 3일간 전전긍긍하다 3일 후 진료예약이 된 병원에 수화통역사와 함께 갔다.

의사는 3일간 약은 잘 먹었냐고 물었고, 그는 약을 짓지 못해 먹지 못했다며 구겨진 처방전을 주머니에서 꺼냈다. 이에 의사는 결핵이 의심되니 3일간 약을 먹은 후 경과를 보고 다시 검사하자는 얘기였는데, 오히려 병을 키워서 왔다며 안타까워했고, 다시 진단 후 처방전을 주었다.

통역사가 병원 근처 약국에 가서 처방전을 주며 왜 이 농인이 약을 짓지 못했었는지 묻자 처방전에 적힌 약 중 한두 가지가 작은 약국에는 없을 수 있는 약이어서 아마도 큰 병원이 아니라 큰 약국으로 가보라는 설명을 들을 수 있었다.

제
/
13
/
장

희망 이야기

학습목표

1. 직업에 대해서 이야기할 수 있다.

2. 자신의 생각을 수화로 말할 수 있다.

기본 문장

나+원하다+무엇+교사 ➡ 제가 원하는 것은 교사입니다.

| 규칙 |

■ '나', '원하다', '무엇', '교사' 와 같은 형식은 의문문이 아니므로 의문사와 함께 나타나는 표정(비수지 동작)은 의문문과 다르다. 여기서 눈썹을 올리는 정도로 나타낸다.

| 유의점 |

■ 의문사가 속하는 절(나, 원하다, 무엇)과 주요 화제인 구(교사)로 이루어지는 형식의 수화문에 유의한다.

대 화

A: 당신은 어떤 직업을 갖길 원하십니까?

B: 수화통역사가 되고 싶습니다.

A: 왜요?

B: 의사소통이 어려운 농인과 청인의 가교 역할을 하고 싶습니다. 당신은요?

A: 저희 부모님은 제가 사업가가 되어서 돈을 많이 벌었으면 하십니다.

　　그러나 제 어릴 적 꿈은 선생님이었습니다. 학교에 다니면서 화가로 바뀌었다가,

　　지금은 기술을 가진 전문가가 되고 싶습니다.

B: 그렇군요. 당신의 꿈이 이루어지길 바랍니다.

A: 당신은 어떤 직업을 갖길 원하십니까?

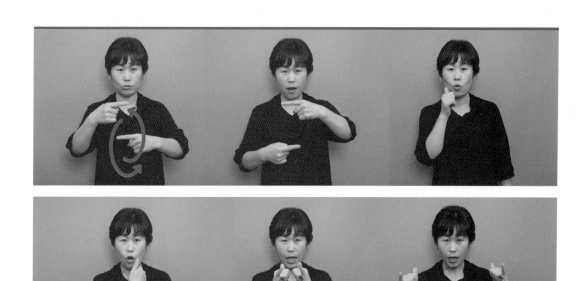

B: 수화통역사가 되고 싶습니다.

A: 왜요?

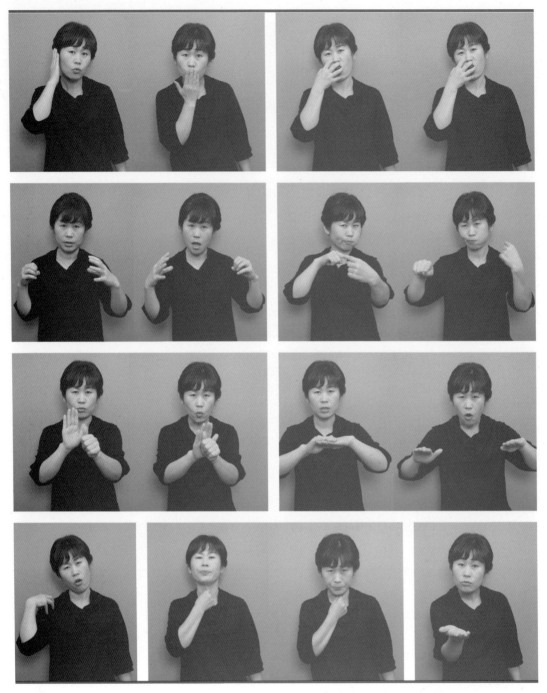

B: 의사소통이 어려운 농인과 청인의 가교 역할을 하고 싶습니다. 당신은요?

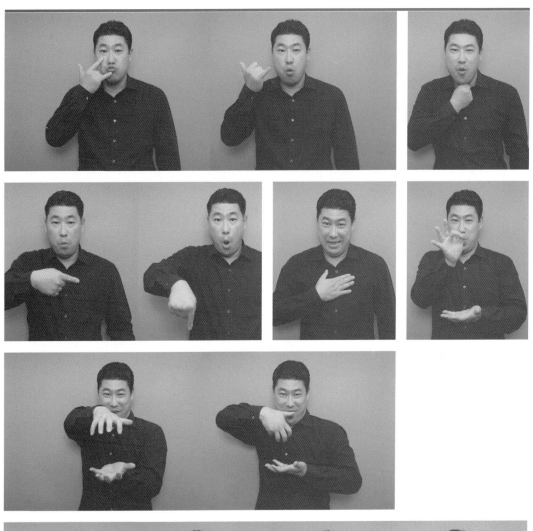

A: 저희 부모님은 제가 사업가가 되어서 돈을 많이 벌었으면 하십니다. 그러나 제 어릴 적 꿈은 선생님이었습니다. 학교에 다니면서 화가로 바뀌었다가, 지금은 기술을 가진 전문가가 되고 싶습니다.

A: 저희 부모님은 제가 사업가가 되어서 돈을 많이 벌었으면 하십니다. **그러나 제 어릴 적 꿈은 선생님이었습니다.** 학교에 다니면서 화가로 바뀌었다가, 지금은 기술을 가진 전문가가 되고 싶습니다.

A: 저희 부모님은 제가 사업가가 되어서 돈을 많이 벌었으면 하십니다. 그러나 제 어릴 적 꿈은 선생님이었습니다. **학교에 다니면서** 화가로 바뀌었다가, 지금은 기술을 가진 전문가가 되고 싶습니다.

A: 저희 부모님은 제가 사업가가 되어서 돈을 많이 벌었으면 하십니다. 그러나 제 어릴 적 꿈은 선생님이었습니다. 학교에 다니면서 **화가로 바뀌었다가**, 지금은 **기술을 가진 전문가가 되고 싶습니다.**

B: 그렇군요. 당신의 꿈이 이루어지길 바랍니다.

공무원

공장   기술

꿈

농사

다르다

대화

되다

디자인

많다

벌다

변호사

부모님

사업가

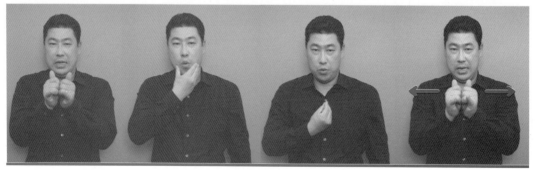

사회복지사

생각

수화통역사

실업자

어부

요리사

이루다

전문가

정치가

직업

책임

컴퓨터프로그래머

해결

화가

회사원

희망

쉬는 날 혼자 출근한 농인

공장에서 열심히 일하며 성실히 살아가는 농인이 있었다. 그날도 여느 때와 다름없이 가벼운 발걸음으로 출근했는데 썰렁한 공장에 기계는 멈춰있었고, 사태를 설명해줄 어느 누구도 없었다. 농인은 영문도 모른 채 집에 돌아왔고, 그의 어머니께서 공장 책임자에게 전화해서 겨우 이유를 알 수 있었다.

공장에 주문량이 줄어 그날은 쉬라고 스피커를 통해 공고했고, 다른 직원들은 이를 듣고 출근하지 않았으나, 들을 수 없었던 농인은 혼자 출근했던 것이다. 게시판에 크게 공고했으면 알 수 있었을 텐데, 공장에선 게시판을 적절히 활용하지 않았다. 이런 경우뿐만 아니라 평소 아침조회 내용도 알 수 없어 답답했던 농인에게 게시판의 활용은 절실한 것이었다.

■ 참고문헌

김칠관(1998). 《한국수화 어원연구》. 인천성동학교.

_____(1999). "이디엄 현상을 중심으로 본 한국수화의 의미구조". 〈수화연구〉 2호.

_____(2003). 《수화통역 입문》. 나사렛대 재활복지대학원 국제수화통역학과.

변강석(2007). 《수어와 친구되기》. 한국농아인협회 충남협회.

안일남(1995). 《영롱회 연보》. 영롱청각장애인선교회.

엄미숙(1996). "한국수화의 통사론적 분석". 미간행 석사학위 청구논문.
　　　　대구대학교 대학원.

윤병천(2003). 《한국수화의 비수지신호에 대한 언어학적 특성 연구》.
　　　　미간행 박사학위 청구논문. 대구대학교 대학원.

이준우(2001). 《수화의 이해와 실제》. 나남출판.

_____(2002a). 《수화의 이해와 실제 초급과정》. 나남출판.

_____(2002b). 《농인재활복지개론》. 농아사회정보원.

_____(2003a). 《수화의 이해와 실제 중급과정》. 나남출판.

_____(2003b). 《수화통역 강의》. 나사렛대학교 재활복지대학원.

_____(2004a). 《수화통역입문》. 인간과 복지.

_____(2004b). 《수화의 이해와 실제 고급과정》. 나남출판.

_____(2004c). 《농인과 수화》. 인간과 복지.

장진권(2004). 《한국수화여행》. 한국농아인협회.

한국표준수화규범제정추진위원회(2005). 《한국수화사전》.
　　　　문화관광부 · 한국농아인협회.

Lane, H.(1992). *The Mask of Benevolencee: Disabling the Deaf Community.*
　　　　Alfred A. Knopf.

Stokoe, W.(1960). "Sign Language Structure: An Outline of the Visual
　　　　Communication Systems of the American Deaf". *Studies in Linguistics*
　　　　Occasional Papers 8. Gallaudet University Press.

■ 단어 찾아보기

저자 약력

이준우
강남대학교 사회복지학부 및 대학원 교수
강남대학교 일반대학원 수화언어통번역학과 주임교수
강남대학교 융복합대학원 원장

김연신
시립서대문농아인복지관 관장
서울대학교 외래교수
강남대학교 일반대학원 수화언어통번역학과 외래교수

송재순
대전 KBS 뉴스 수어통역사
전 대전광역시립손소리복지관 사무국장

한기열
나사렛대학교 외래교수
한국외국어대학교 외래교수

홍유미
밀알복지재단 헬렌켈러센터 센터장
강남대학교 외래교수

감수자 소개

김칠관
나사렛대학교 재활복지대학원 외래교수

손천식
전 대한예수교 장로회 영락농인교회 담임목사

김용익
대한예수교 장로회 영락농인교회 담임목사

김병찬
한국장애인고용공단 전문위원

틀리지 않습니다.
다른 것뿐입니다.

모두가 더불어 살아가는 사회를 위한 언어, 수어(手語)
초보자를 위한 입문서부터 연구자를 위한 전문서까지,
한국수어학회장 이준우 교수가 펴낸 모두를 위한 수어학 총서

수화언어의 이해와 실제
초급 · 중급 · 고급과정

이준우 지음

2001년 첫 권 출간 이후 수업 교재로 널리 활용되는 동시에 수화 학습서의 잇단 출
간을 이끌었다. 농인들과의 교류 경험과 연구 성과를 지속적으로 반영하여 개정을
거듭한 만큼 일선에서 활동하는 사회복지사들의 전폭적 지지를 받는《수화의 이해
와 실제》시리즈는 명실상부한 한국 수화교육의 효시이자 원형이다.

초급과정 | 4×6배판 | 224면 | 18,000원
중급과정 | 4×6배판 | 260면 | 15,000원
고급과정 | 4×6배판 | 208면 | 15,000원

농인의 삶과 수화언어

이준우 지음

30여 년을 농인과 함께한 이준우 교수가 농문화와 수어통번역을 폭넓게 다룬 책. 단순히 수어를 소개하고 가르치는 것을 넘어 음성언어와 수어를 잇는 다리 역할을 하는 수어통번역에 대해 깊이 고찰한다. 나아가 수화언어를 독립적 언어로, 농인을 수어를 사용하는 언어소수자로 바라보며 농인과 농문화을 진정으로 이해하는 길을 제시한다.

신국판 | 476면 | 25,000원

데프 앤 데프
농인과 친구가 되고 싶은 이들을 위한 안내서

이준우 · 김연신 지음

우리는 농인의 삶에 대해 얼마나 알고 있는가? 저자는 오랫동안 교수이자 수화통역사로서 농인들의 삶과 마주했다. 그 오랜 경험을 뿌리 삼아 저술한 《데프 앤 데프》는 기계적으로 수화를 익히는 것만으로는 결코 다가갈 수 없는 '농인의 삶의 문법'에 다가갈 수 있도록 돕는다. '농인'과 '청각장애'에 대한 알차고 재미있는 정보지침서.

신국판 | 224면 | 12,000원

한국 수어학 개론

이준우 · 남기현 지음

수어는 단순한 '몸짓'이 아닌 '언어'다. 일상 속에서 수어를 사용하는 농인들을 장애인이자 치료의 대상이 아니라 평범한 발화자로서 대우할 수 있을 때 한국사회에 진정한 사회적 평등이 실현될 수 있을 것이다. 이 책은 한국 수어가 진정한 언어로 인정받을 수 있도록 그 구조와 변화 과정, 서비스 체계 등을 상세히 다루었다.

크라운판 변형 | 368면 | 22,000원

나남 nanam Tel:031-955-4601 www.nanam.net